JN088651

親の介護と自分の老後ガイドブック

ファイナンシャルプランナー 岡本 典子 著

ビジネス教育出版社

はじめに

多くの高齢者は「最期まで自宅で暮らしたい、家族には介護の世話をかけたくない」と考えています。しかし、それはなかなか容易なことではありません。

総務省統計局のデータによると、65歳以上高齢者は3,598万人、高齢化率は28%を超え、高齢者世帯の約6割は独居世帯か老老夫婦世帯です。平均寿命は、男性が81.41歳、女性は87.45歳（厚生労働省）と毎年伸びていますが、年齢が上がるにつれ、介護が必要になってくる人が増え、85歳以上では約6割の人が要介護認定を受けて生活しています。

「母は要介護2で、自宅で生活したいといって頑張っている。時々、様子を見に行っているが、玄関で転んでから、自分ではできないことが増えてきた。介護施設を探したほうがよいだろうか」「認知症の父を母が一人で看ているが、最近症状が進んできて限界がきたようだ。あまり高額ではない施設を探したい」「入院中の父が来週退院と決まったが、自分は仕事があり自宅での介護はできない。すぐに入れる介護施設を探したい」というお子様世代からの相談も増えてきています。このように、親の介護は、直接的に身体介護を行うだけではなく、在宅介護における手続きやサポート、介護施設探し、身元引受人になるなど、様々なかかわり方があります。

介護保険制度は3年ごとに改正され、変更点も多くわかりにくいところがあります。しかし、デイサービスに通っている方や訪問介護を利用している方が多くなっていることから、周囲の人々からいろいろな話を聞いていて、介護保険制度の内容をある程度理解している方も増えてきています。これは大事なことです。まずは、いざとなったらどこに相談すればよいのか、どんな介護サービスを受けられるのか、大体いくら位お金がかかるのかを知っておけば、あわてずに、適切な対応ができます。

近年は、サービス付き高齢者向け住宅が増えてきたこともあり、自宅が古くなってきたが、建て替えるより、見守りがついている高齢者向けの住宅に住み替えようと考える方もいます。また、自立のときから最期まで暮らせる『終のすみか』となる介護付有料老人ホーム入居時自立型に入り、安心して暮らしたいと考える方もいます。

どこで、どのように暮らしたいか、早い時期から考え、情報収集し、資金計画を立てておくことで、自分らしいシニアライフを送ることができます。「まだ早い！」ではなく、「早めの老い支度」をスタートしましょう。

本書では、介護保険を使って受けられる介護サービス、高齢者施設の種類・特徴・費用、高齢期に知っておきたい様々な制度などを、ガイドブックという形でまとめました。これから自分らしいシニアライフを検討していきたいという方々、親御さんの施設を探したいという方々、予備知識として介護保険制度や高齢者施設・住宅などのことを押さえておきたいという方々に、少しでもお役に立てれば幸いです。

ファイナンシャルプランナー

岡本　典子

イザ！　というとき困らないための
親の介護と自分の老後ガイドブック

目　次

第3章 施設介護

第4章 認知症

第5章 親が入院・自分が入院

第6章 知っておきたい制度 etc.

第7章 介護・介護施設の費用

第8章 老後の資金の再確認

第1章

介護保険制度を押さえておこう

介護保険制度を理解しておく

▶ 介護保険制度の概要

介護保険制度は2000年4月にスタート

日本は高齢化に伴い、介護が必要な人が増えてきました。しかし、少子化、核家族化により、介護が必要になり、家族だけで介護をしていくのは困難になってきました。そこで、介護が必要になっても安心して生活できるよう、社会全体で支えていけるようにと、2000年４月に**介護保険制度**がスタートしました。加入者が保険料を出し合い、介護が必要になったら要介護認定を受けて、必要な介護サービスを利用する制度です。

介護保険の財源は、公費50%、保険料50%

介護保険の財源は、国や自治体の直接収入である公費と、40歳以上の国民が支払う介護保険料で賄われています。その比率は50%ずつです。公費の内訳は国25%、都道府県12.5%、市町村12.5%です。

介護保険料の支払い方法は

介護保険の半分を担う**介護保険料**は、65歳以上の第１号被保険者と、40～64歳までの第２号被保険者から徴収されています。その割合は第１号被保険者が23%、第２号被保険者が27%です。第１号被保険者で年金月額15,000円以上の人の場合は、老齢年金から特別徴収（天引き）され、その他の人は普通徴収となり自ら支払います。第２号被保険者で健康保険に加入している場合は、健康保険と一体的に徴収されます。なお、介護保険料は居住地や所得により異なります。

介護保険の財源構成と規模

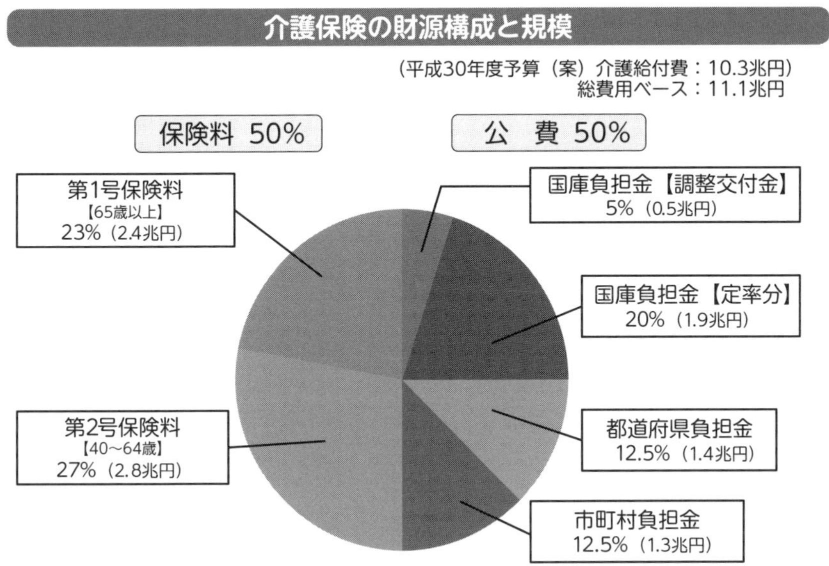

「公的介護保険制度の現状と今後の役割」平成 30 年度　厚生労働省老健局総務課より作成

介護保険の保険者

▶ 介護保険の保険者は市町村

介護保険の保険者とは

介護保険における保険者とは、全国の市町村および特別区（東京23区）で、実質的な介護保険の運営者です。介護が必要になった高齢者が地域で安心して暮らし続けられるように総合的に支援する、生活に密着した行政機関の窓口です。市町村により高齢福祉課、介護保険課、高齢者支援課など、名称が異なります。また、**介護保険の被保険者**は、その地域の住民で、住民基本台帳に住所を有する人です。

保険者の役割

介護保険制度を運営する保険者の主な役割は、

・３年ごとに「介護保険事業計画書」を策定し、サービスの確保や整備を行う
・介護保険料の金額を決め、被保険者から徴収する
・65歳以上の第１号被保険者に、介護保険被保険者証を交付する
・介護認定審査会の設置
・被保険者の申請に基づき、要介護認定を行う
・「要支援１～２」「要介護１～５」と認定した被保険者の所得状況に合わせて、サービスを利用した場合の自己負担割合を決め、介護保険負担割合証を交付する
・高額介護サービス費の支給
・「地域密着型サービス」「介護予防支援」「居宅介護支援」事業者の指

定・監督を行う

・地域包括支援センターを運営する

・介護保険に固有の条例の制定

などです。

なお、近年は、介護予防や、介護保険制度の持続可能性確保等のため自立支援、重度化防止の取組みの推進にも力を入れるようになってきています。

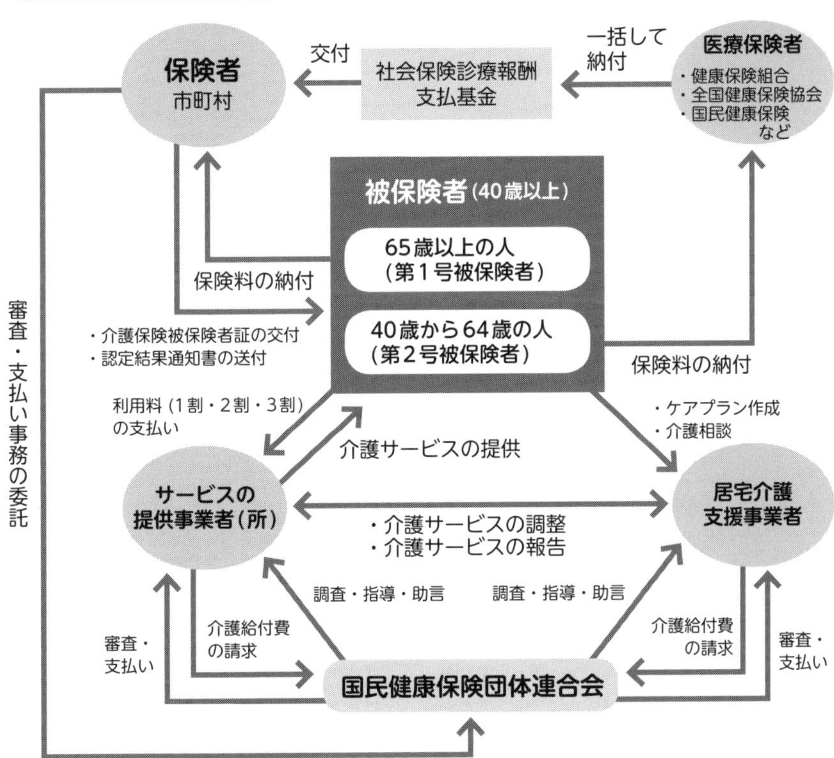

独立行政法人福祉医療機構（WAMNET）HP

3 介護保険サービスを使える人

▶ 第１号被保険者と第２号被保険者

介護保険サービスを使えるのは

介護保険サービスを使えるのは、介護が必要になり、要支援・要介護と認定された65歳以上の**第１号被保険者**と、40～64歳で、医療保険に加入している第２号被保険者のうち、加齢が原因の16種類の特定疾病※で介護が必要になり、要支援・要介護と認定された人です。そのため、第２号被保険者が交通事故に遭い介護が必要になっても、介護保険サービスは使えません。

介護保険被保険者証は郵送されてくる

第１号被保険者となる65歳到達月の前月下旬に「介護保険被保険者証」が郵送されてきます。介護保険被保険者証には期限はありません。要介護認定を受ける際に必要となりますので、大切に保管しておきましょう。

介護保険料の滞納には気をつけよう

40歳以上の人が支払う介護保険料は介護保険制度の重要な財源です。特別な理由がなく滞納すると、介護保険サービスの利用に制限が出てきます。災害や生計維持者の死亡等の特別な理由がある場合は、役所に相談しましょう。保険料の徴収猶予や減免を受けられることがあります。

※16種類の特定疾病とは

1．がん【がん末期】 （医師が一般に認められている医学的知見に基づき回復の見込みがない状態に至ったと判断したものに限る。）	8．脊髄小脳変性症 9．脊柱管狭窄症 10．早老症
2．関節リウマチ	11．多系統萎縮症
3．筋萎縮性側索硬化症	12．糖尿病性神経障害、糖尿病性腎症および糖尿病性網膜症
4．後縦靱帯骨化症	13．脳血管疾患
5．骨折を伴う骨粗鬆症	14．閉塞性動脈硬化症
6．初老期における認知症	15．慢性閉塞性肺疾患
7．進行性核上性麻痺、大脳皮質基底核変性症およびパーキンソン病	16．両側の膝関節または股関節に著しい変形を伴う変形性関節症

厚生労働省HP

介護保険料を納めないでいると……滞納した期間により給付が制限される

・1年以上滞納すると……費用の全額を利用者がいったん自己負担し、申請により後から戻ってくる形となる

・1年6カ月以上滞納すると……費用の全額を利用者が自己負担し、申請後も保険給付の一部、または全部が差止めとなる。なお滞納が続くと滞納していた保険料と相殺される

・2年以上滞納すると……利用料の自己負担割合が引き上げられたり、高額介護サービス費等の支給が受けられなくなる

・介護保険料を納付期限までに納付しない場合は、督促状が届きます。
・納付期限を過ぎて納付する場合は、延滞金が生じることがあります。また、長期間にわたり滞納が続く場合は、法律に基づき預貯金等を差し押さえられることがあります。

要介護認定の申請

▶ 本人や代理人が申請することでスタート

要介護認定の申請とは

介護が必要になり介護保険サービスを使いたいと申請してきた人が、介護保険を利用するに値するか、どの程度なのかを審査し、認定するのが**要介護認定**です。

申請すると、認定調査員が本人のところに来て74項目の質問をします。家族の立ち合いが必要な場合もあります。その後、かかりつけ医の診察を受け、それも加味してコンピューターで1次判定が出ます。もし、介護日誌やメモをつけていて提出すればそれも参考に、介護認定審査会で要介護度が判定され、30日程度で認定結果が自宅に郵送されてきます。

申請は本人でなくても代理人でもよい

介護が必要と感じたら、市町村の担当課（介護保険課や高齢者福祉課など）に、要介護認定の申請を行います。本人が申請できない場合は、家族や親族が代わりに申請することもできます。また、地域包括支援センター、居宅介護支援事業者、介護施設（入居中の人の場合）が申請を代行することも可能です。

なお、入院中でも要介護認定の申請を行うことができます。

認定結果に不服があるときは、不服の申立てもできる

要介護認定の結果に納得できない場合は、役所の担当課に相談します。

それでも納得がいかない場合は、60日以内に都道府県の「介護保険審査会」に不服の申立てもできます。

要介護・要支援認定の流れ

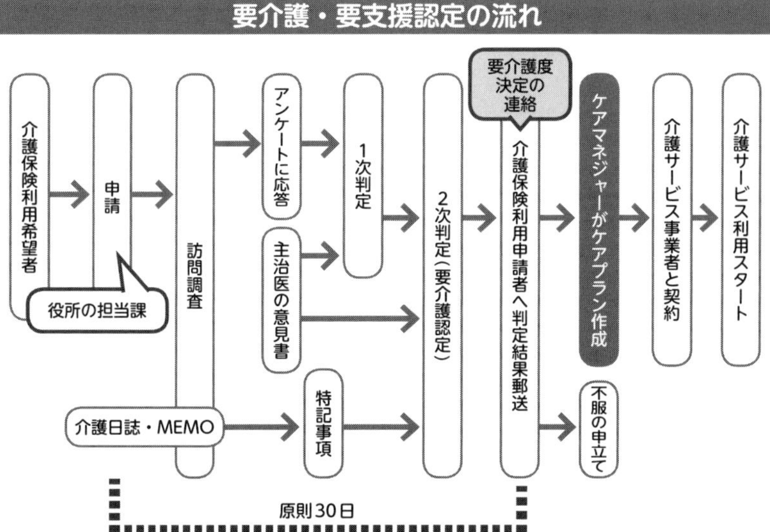

要介護・要支援認定申請書（大田区の例）

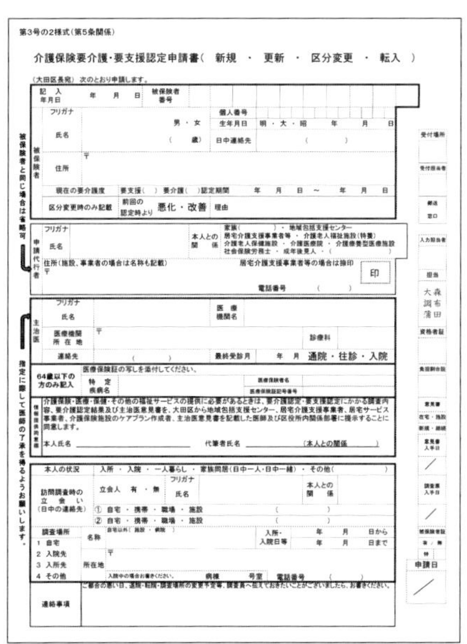

第3号の2様式（第5条関係）

介護保険要介護・要支援認定申請書（ 新規 ・ 更新 ・ 区分変更 ・ 転入 ）

（大田区長宛） 次のとおり申請します。

記入年月日	年 月 日	被保険者番号	
被保険者 フリガナ / 氏名	男・女 （ 歳）	個人番号	
		生年月日	明・大・昭 年 月 日
		日中連絡先	（ ）
住所	〒		
現在の要介護度	要支援（ ） 要介護（ ）認定期間 年 月 日 ～ 年 月 日		
区分変更時のみ記載	前回の認定時より 悪化・改善	理由	

被保険者と同じ場合は省略可

申請代行者 フリガナ / 氏名		本人との関係	家族（ ）・地域包括支援センター 居宅介護支援事業者等 ・ 介護老人福祉施設（特養） 介護老人保健施設 ・ 介護医療院 ・ 介護療養型医療施設 社会保険労務士 ・ 成年後見人 ・（ ）
住所（施設、事業者の場合は名称も記載） 〒		居宅介護支援事業者等の場合は捺印	印
		電話番号	（ ）

主治医 フリガナ / 氏名		医療機関名	
医療機関所在地	〒	診療科	
連絡先	（ ）	最終受診月	年 月 通院・往診・入院

指定に際して医師の了承を得るようお願いします。

64歳以下の方のみ記入	医療保険証の写しを添付してください。		
	特定疾病名	医療保険者名	
		医療保険証記号番号	

情報提供同意欄：介護保険・医療・保健・その他の福祉サービスの提供に必要があるときは、要介護認定・要支援認定にかかる調査内容、要介護認定結果及び主治医意見書を、大田区から地域包括支援センター、居宅介護支援事業者、居宅サービス事業者、介護保険施設のケアプラン作成者、主治医意見書を記載した医師及び区役所内関係部署に提示することに同意します。

本人氏名 ＿＿＿＿＿＿ 代筆者氏名 ＿＿＿＿＿＿（本人との関係 ）

本人の状況	入所 ・ 入院 ・ 一人暮らし ・ 家族同居（日中一人・日中一緒） ・ その他（ ）			
訪問調査時の立会い（日中の連絡先）	立会人 有・無	フリガナ / 氏名	本人との関係	
	① 自宅・携帯・職場・施設 （ ）			
	② 自宅・携帯・職場・施設 （ ）			
調査場所 1 自宅 2 入院先 3 入所先 4 その他	名称	自宅以外（ 施設 ・ 病院 ）	入所・入院日等	年 月 日から 年 月 日まで
	所在地	〒 入院中の場合お書きください。 病棟 号室	電話番号	（ ）
連絡事項	ご都合の悪い日、退院・転院・調査場所の変更予定等、調査員へ伝えておきたいことがございましたら、お書きください。			

受付場所 / 受付担当者 / 郵送 窓口 / 入力担当者 / 担当 大森 調布 蒲田 / 資格者証 / 負担割合証 / 意見書 在宅・施設 新規・継続 / 意見書入手日 / 調査票入手日 / 被保険者証 有/無 / 特 / 申請日

5

要介護認定の目安

▶ 要支援１～要介護５までの７段階

要支援・要介護の７段階に分かれる

要介護度の目安は、軽度な順から、**要支援１、２、要介護１、２、３、４、５**の７段階です。要介護の認定を受けた人は、入浴、排泄、食事などの日常生活動作全般にわたり、常時介護が必要な状態と判定されたということです。そのため、直ちに介護保険サービスを利用することができます。要支援の場合は、生活機能は低下しているが、改善の可能性が見込まれる状態です。

要支援２と要介護１は、身体状態の目安は同じですが、改善の可能性が見込まれるか否かで分かれます。なお、認知症がある人の場合は、目安と異なることがあります。

要支援の人は、総合事業の下にサービスを受けられる

要支援の人は、2018年４月に創設された「介護予防・日常生活支援総合事業」（以下「総合事業」。75ページ参照）の下で、適切なサービスを受けられるようになりました。要介護認定で「非該当」となった高齢者も、総合事業においては、介護予防・生活支援サービスを受けられる場合があります。具体的には、認知症予防の脳トレーニング教室、料理教室、喫茶サロン、囲碁、マージャン教室などです。

総合事業では、各自治体が地域の実情に応じて取り組み、既存の事業所の他、NPOや地域住民のボランティアなども活用してサービスが行われています。地域住民が一体となり、生活支援の担い手になり、社会参

加してもらうという、地域全体で支えていく形です。そのため、受けられるサービスは全国一律ではなく、居住地により異なります。

要介護状態区分別の状態像

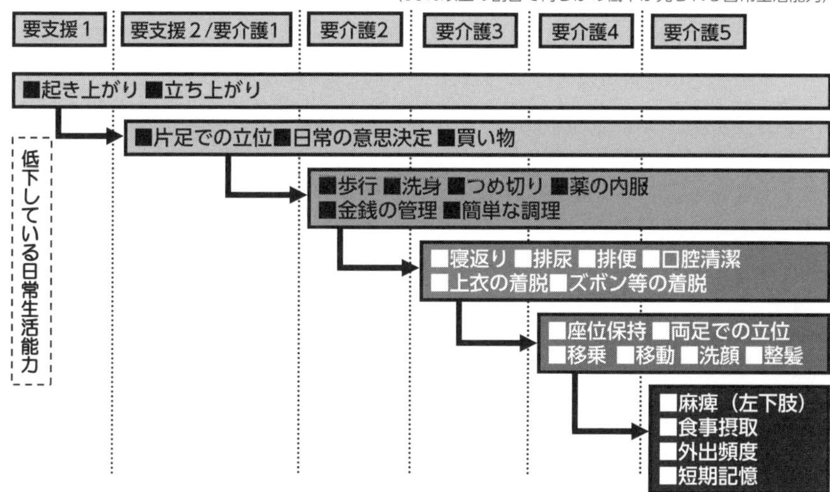

「要介護認定の仕組みと手順」 厚生労働省老人保健課

要介護度の目安となる身体の状態

要支援1	排泄や食事はほとんど自分でできるが、身の回りの世話の一部に介助が必要。状態の維持・改善の可能性の高い状態
要支援2	食事、トイレなどはできるが、入浴などに一部介助が必要な状態（要介護になるおそれがある状態）
要介護1	生活の一部に部分的介助を必要とする状態。排泄、入浴、着替えなどに一部介助が必要な状態
要介護2	排泄、入浴などに一部もしくはすべて介助が必要で、着替えに見守りなどが必要な状態
要介護3	重度の介護を必要とする状態。排泄、入浴、着替えについてすべて介助が必要な状態で、認知症に伴う問題行動が見られる
要介護4	最重度の介護を必要とする状態。排泄、入浴、着替えについてすべて介助が必要な状態で、認知症に伴う問題行動が一層増える状態
要介護5	ほぼ寝たきりの状態。生活全般にわたって全面的な介護が必要な状態

要介護度と利用できる介護保険サービス

▶ 要介護度別に区分支給限度額が設定

介護保険から給付される額には上限がある

要支援１～要介護５までの要介護度に応じて、１カ月に介護保険から給付される額には上限があります。これが**区分支給限度額**です。実際の区分支給限度額は金額ではなく「単位」で決められており、介護保険サービスの種類により１単位当たりの単価が異なります。次ページの表は自宅で介護を受ける在宅介護の場合の限度額で、１単位10円で計算しています。

区分支給限度額は全国一律ではなく、地価、人件費、運搬費などにより、地域区分が「１級地」から「７級地」と「そのほか」の地域の８段階に分けられています。表の金額は**「区分支給限度基準額」**で、一番低額の「そのほか」の地域の金額です。ちなみに一番高額なのは「１級地」の東京23区などです。介護保険サービスを利用する地域における区分支給限度額を、市町村のホームページなどで確認しておきましょう。

区分支給限度額以上の介護サービスも使える

区分支給限度額を超えて介護保険サービスを利用することは可能です。ただし、超過分は全額自己負担です。

実際に使用されている介護保険サービスはどの位？

厚生労働省平成30年介護給付費実態統計月報（平成30年12月審査

分）によると、受給者一人当たりの平均費用月額は、介護サービスでは18.96万円、介護予防サービスでは2.78万円です。

在宅介護サービスにおける区分支給限度基準額（1割・2割・3割負担額）< 2019年10月～>

	区分支給限度基準額	自己負担額（1割）	自己負担額（2割）	自己負担額（3割）
要支援1	50,320円	5,032円	10,064円	15,096円
要支援2	105,310円	10,531円	21,062円	31,593円
要介護1	167,650円	16,765円	33,530円	50,295円
要介護2	197,050円	19,705円	39,410円	59,115円
要介護3	270,480円	27,048円	54,096円	81,144円
要介護4	309,380円	30,938円	61,876円	92,814円
要介護5	362,170円	36,217円	72,434円	108,651円

介護保険サービスの自己負担割合

▶ 所得に応じて自己負担限度額が決定される

介護保険制度における「応能負担」の原則

介護保険サービスの利用では**「応能負担」の原則**があります。同じ要介護度で同じだけの介護保険サービスを利用しても、所得の高い人にはたくさん支払ってもらうという考え方です。区分支給限度基準額の１割負担の人が91.4%、２割負担の人が4.9%、特に所得の高い3.7%の人が３割負担です（厚生労働省老健局「介護保険制度の見直しに関する意見（案）（参考資料）令和元年12月27日）。

「自己負担割合」の目安

自己負担割合の目安は、それぞれ次のようになっています。

●３割負担の人は、以下の２点を満たす場合
- 本人の合計所得金額が220万円以上
- 本人を含む同世帯の65歳以上の人の「年金収入＋その他の合計額」が
  65歳以上の人が本人のみの世帯：340万円以上
  65歳以上の人が２人以上の世帯：463万円以上

●２割負担の人は、３割負担以外の人で以下の２点を満たす場合
- 本人の合計所得金額が160万円以上
- 本人を含む同世帯の65歳以上の人の「年金収入＋その他の合計金額」が
  65歳以上の人が本人のみの世帯：280万円以上
  65歳以上の人が２人以上の世帯：346万円以上

●1割負担の人は、以下のいずれかに該当する場合

・生活保護などを受給している人
・市民税が非課税の人
・市民税が課税の人のうち2割または3割負担の対象とならない人
・40歳以上64歳以下の人
・旧措置入所者（平成12年4月1日以前から特別養護老人ホームに入所している人）

「介護保険負担割合証」の送付

要介護度が決定すると、認定結果とともに**「介護保険負担割合証」**が郵送されてきます。介護サービスを利用する場合は提示が必要なので、介護保険被保険者証と一緒に保管しておきます。なお、有効期限は8月1日から翌年の7月末までです。もし、何らかの事情で所得が増減すると、介護保険負担割合が変更になることもあります。

負担割合の要件

<table>
<tr><th colspan="3">利用者負担割合の要件</th><th>負担割合</th></tr>
<tr><td rowspan="5">要支援・要介護認定を受けている65歳以上の人</td><td rowspan="2">本人の合計所得金が220万円以上</td><td>下記以外の場合</td><td>3割</td></tr>
<tr><td rowspan="2">年金収入＋その他の合計所得金額の合計額が単身世帯で280万円以上 340万円未満、または2人以上世帯で346万円以上 463万円未満</td><td rowspan="2">2割</td></tr>
<tr><td rowspan="2">本人の合計所得金が160万円以上220万円未満</td></tr>
<tr><td>年金収入＋その他の合計所得金額の合計額が単身世帯で280万円未満、または2人以上世帯で346万円未満</td><td rowspan="2">1割</td></tr>
<tr><td colspan="2">本人の合計所得金が 160万円未満</td></tr>
</table>

※第2号被保険者（40歳以上65歳未満の人）、市民税非課税の人、生活保護受給者は一律1割負担です。
※その他の合計所得金とは、合計所得金から年金の雑所得を除いた所得金額のことです。

岡崎市 HP

8 信頼できるケアマネジャー

▶ ケアマネジャーは頼りになるキーパーソン

ケアマネジャーは介護サービス利用におけるキーパーソン

介護保険サービスを受けるには**ケアマネジャー**にケアプランを作成してもらい、それに従い契約することで利用がスタートします。その人らしい生活を継続できるような介護、生活支援サービスをマネジメントしてくれます。ケアマネジャーは、看護師、保健師、社会福祉士、介護福祉士、理学療法士などの国家資格保有者で、５年以上の実務経験のある人です。

自分に合った頼りになるケアマネジャーを選ぶ

ケアマネジャーを探すときは、市町村の担当窓口や地域包括支援センターで、ケアマネジャーのリストをもらいます。自宅近くの事業者のほうがいざという時に心強い、ということでしたら、かかりつけ医や看護師に評判を聞いたり、近所で介護保険サービスを利用している人に尋ねたりしてみましょう。入院中なら、病院のソーシャルワーカーに聞いてみるのもよいでしょう。

親身になって直ちに適切な対応をしてくれる、自分に合ったケアマネジャーを見つけることが、安心して暮らす第一歩です。ここはと思う事業所があれば電話を掛け、わかりやすく丁寧に対応してくれるか確認します。電話がつながりやすいかどうかもチェックポイントです。

候補となる人を選んだら面談し、話を聞いてくれるか、フットワークは良さそうか、誠実そうかなどを基に決めます。ベテランで評判の良いケアマネジャーの場合は、担当人数（35人まで）が多いケースもあり、あまり多いと十分な配慮を望めないこともあります。

ケアマネジャーは変えられる！

ケアマネジャーを慎重に選んだが、どうしても合わないという場合には、事業所に説明して交代してもらうことも、事業所自体を変えることも可能です。

有能なケアマネジャー選びのポイント

- 介護サービス事業者に所属するとはいえ、中立な立場で、利用者にとって最適なケアプランを組んでくれるか
  （他社の介護サービスについても説明してくれるか）
- ヒアリング能力が高く、アイデアが豊富か
  （話をよく聞いてくれるか、良い介護生活への提案をしてくれるか）
- フットワークが軽いか
  （何かあればすぐに情報収集し、飛んで来てくれるか）
- 親切な対応をしてくれるか
  （本人・家族が頼りにできそうか、性格が合うか）
- 担当している人の数はどの位か
  （上限35人までだが、多過ぎると連絡が取りにくい）
- 本人の身体状況などに応じて、対応してくれるか
  （体調変化を見逃さず、ケアプランの見直しもしてくれるか）

ケアマネジャーとは？

ケアマネジャーは、ケアプランを作成してくれる人
元々、保健、福祉、医療の分野のスペシャリストとして豊富な知識と経験を持っている人が多い
ケアプランとは、「介護サービス計画書」

私は持病があって、医療的な配慮をしてもらえる看護師資格のあるケアマネジャーを希望します！

私は要介護度が高く、家族の介護力が十分ではないので、訪問介護や在宅介護経験の長いケアマネジャーがいいわ！

9 ケアプラン

▶ ケアプランは介護サービスの羅針盤

ケアプランとは「介護サービス利用計画書」

ケアプランとは、どんなタイミングでどの介護サービスを利用するのが適切か、いろいろな視点から総合的に判断して作成される「介護サービス利用計画書」です。ケアプランには、**居宅サービス計画、施設サービス計画、介護予防サービス計画**の３種類があります。

ケアプランは自分でも作成可能だが……

ケアプランは要介護者本人や家族が作成することも可能です。その場合は、介護サービスや介護サービス事業者選択の自由度が広がり、不要なサービスを減らすことができます。しかし、書類の書き方や点数計算が専門的かつ煩雑で、毎月市町村に提出する利用実績表も作成しなければなりません。また、介護サービス事業者とのやり取りや調整も自分ですることになるので、大きな負担がかかります。信頼できるケアマネジャーに作成してもらうのがよいでしょう。

要介護度が変更になるとケアプランも立て直される

ケアプランは定期的に見直されます。要介護度が変更になった時のみならず本人や家族の状況に応じて、見直しが必要になれば、ケアプランの変更は可能です。個別機能訓練を算定している場合は３カ月ごとに利用者に個別機能訓練の説明を行う必要があるため、評価を行い見直しが行われています。

納得のいくケアプランの見極めポイント

・介護サービスの組み合わせで、心身の状態が良くなるか
・介護する家族の負担が軽くなるか
・安心して無理なく継続できるか
・サービス利用料金が適切か

ケアプランの作成例〔対象：要介護 3〕

施設での通所サービスに重点を置いた場合（通所型）

	月	火	水	木	金	土	日
午前	通所介護 または 通所リハビリ	訪問介護	通所介護 または 通所リハビリ	訪問介護	通所介護 または 通所リハビリ	訪問介護	
午後	訪問介護 （巡回型）	訪問介護 （巡回型）	訪問介護 （巡回型）	訪問介護 （巡回型）	訪問介護 （巡回型）	訪問介護 （巡回型）	訪問介護 （巡回型）

自宅での訪問サービスに重点を置いた場合（訪問型）

	月	火	水	木	金	土	日
午前	訪問看護	通所介護 または 通所リハビリ	訪問介護	訪問介護	通所介護 または 通所リハビリ	訪問介護	訪問介護
午後	訪問介護 （巡回型）	訪問介護 （巡回型）	訪問介護 （巡回型）	訪問介護 （巡回型）	訪問介護 （巡回型）	訪問介護 （巡回型）	訪問介護 （巡回型）

地域包括支援センター

▶ 地域包括支援センターはよろず相談窓口

地域包括支援センターは地域の高齢者の「よろず相談窓口」

介護が必要になってきたら、居住地の**「地域包括支援センター」**に相談してみましょう。地域に暮らす要介護者やその家族の公的な相談窓口で、介護、福祉、健康、医療などの相談に応じてくれます。市町村が高齢者の生活を支えるための総合機関として、おおむね中学校１～２校区に１カ所の割合で設置されています。社会福祉法人、社会福祉協議会、医療法人、民間企業、NPOなどが市町村から委託を受けて運営しています。

地域包括支援センターで受けられるサービス

地域包括支援センターの業務内容は次のとおりです。

①権利擁護……成年後見制度の活用促進や高齢者虐待への対処など、地域住民の権利を守る

②総合相談支援業務……各種相談を受け、支援を行う

③介護予防ケアマネジメント……要支援１・要支援２の人、支援や介護が必要になる可能性の高い人が、自立して生活できるように介護予防の支援を行う

④包括的・継続的ケアマネジメント……様々な機関とのネットワークを作り調整する

地域包括支援センターにはどんな資格の人がいるか

地域包括支援センターには、社会福祉士、保健師、主任ケアマネジャーの資格を持つプロの相談員（それらに準ずる者でも可）が常駐しています。

地域包括支援センターにいるプロ

	社会福祉士	保健師	主任ケアマネジャー
保有する資格	社会福祉士、または高齢者保健福祉に関する相談業務などに3年以上従事した社会福祉主事	保健師、または介護・福祉・医療分野について経験のある看護師	介護支援専門員
役割	総合相談支援業務	介護予防ケアマネジメント	包括的・継続的ケアマネジメント

※各専門分野だけでなく、チーム全員で迅速に対応しています。

1センター当たりの平均職員数

職種	平均人数
保健師（準ずる者を含む）	1.7人
社会福祉士（準ずる者を含む）	2.0人
主任介護支援専門員（介護支援専門員を含む）	2.4人
計	6.0人

平成29年度老人保健事業推進費等補助金老人保健健康増進等事業
「地域包括支援センターが行う包括的支援事業における効果的な運営に関する調査研究事業」（地域包括支援センターの職員の状況） 令和元年10月9日厚生労働省老健局「地域支援事業等の更なる推進」〈参考資料〉

要介護高齢者の携帯３点セット

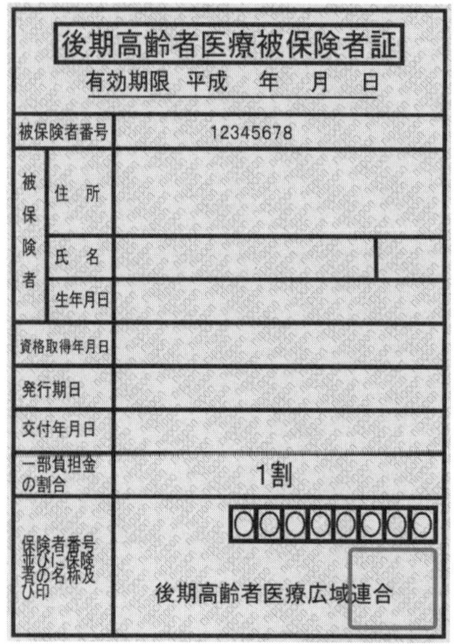

後期高齢者医療被保険者証
有効期限　平成　年　月　日

被保険者番号		12345678
被保険者	住所	
	氏名	
	生年月日	
資格取得年月日		
発行期日		
交付年月日		
一部負担金の割合		1割
保険者番号並びに保険者の名称及び印		〇〇〇〇〇〇〇〇 後期高齢者医療広域連合

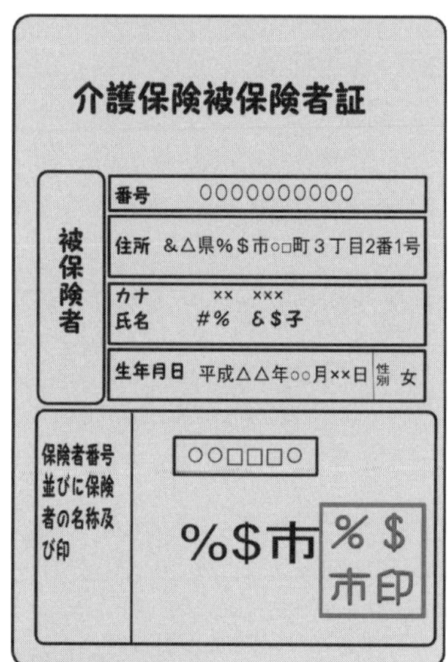

介護保険被保険者証

被保険者	番号　0000000000
	住所　&△県%＄市○□町３丁目2番1号
	カナ　×× ××× 氏名　#%　&＄子
	生年月日　平成△△年○○月××日　性別　女
保険者番号並びに保険者の名称及び印	○○□□□○ %＄市　%＄市印

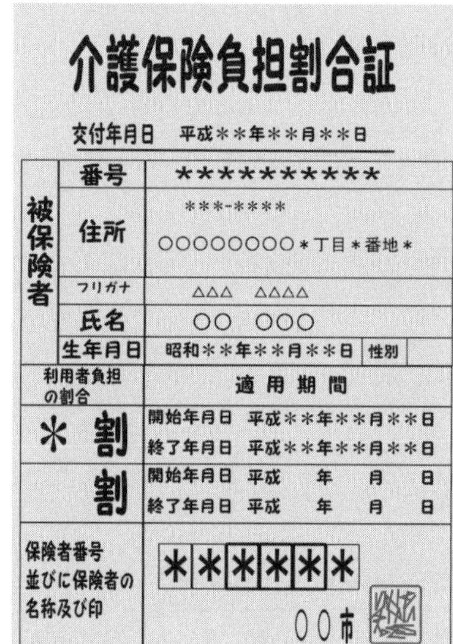

介護保険負担割合証

交付年月日　平成＊＊年＊＊月＊＊日

被保険者	番号	＊＊＊＊＊＊＊＊＊＊
	住所	＊＊＊-＊＊＊＊ 〇〇〇〇〇〇〇〇＊丁目＊番地＊
	フリガナ	△△△　△△△△
	氏名	〇〇　〇〇〇
	生年月日	昭和＊＊年＊＊月＊＊日　性別
利用者負担の割合		適用期間
＊割		開始年月日　平成＊＊年＊＊月＊＊日 終了年月日　平成＊＊年＊＊月＊＊日
割		開始年月日　平成　年　月　日 終了年月日　平成　年　月　日
保険者番号並びに保険者の名称及び印		＊＊＊＊＊＊ 〇〇市

第2章

在宅介護

1 介護保険サービスの概要

▶ 介護保険サービスの全体像・類型

介護保険サービスを大別すると

介護保険サービスには、要介護認定者向けの「**介護給付**」、要支援者向けの「**予防給付**」と、要支援者とすべての高齢者が利用できる「**介護予防・日常生活支援総合事業**」(「**総合事業**」)があります。ここでは厚生労働省老健局作成の「介護保険サービスの種類」(34～35ページ)を基に、介護給付を中心に見ていきます。都道府県・政令都市・中核市が指定・監督を行うサービスと、市町村が指定・監督を行うサービスに分けられ、A～Dに分類されています。予防給付も同様にE～Gに分類されています。

介護保険サービスの種類と特徴

介護給付の主なものは、**居宅サービス**、**施設サービス**、**地域密着型サービス**の３つです。

居宅介護サービスと施設サービスは、居住地だけでなく、全国どこのサービスでも使うことが可能です。しかし、地域密着型サービスは、居住地のサービスしか使うことができません。認知症になり認知症対応型共同生活介護(グループホーム。後述)への入居を検討する場合は、住民票のある居住地内で探すことになります。

介護保険における施設サービスは、介護老人福祉施設(特別養護老人ホーム)、介護老人保健施設、介護医療院、介護療養型医療施設です。介護付有料老人ホームは、介護保険上の分類では、居宅介護サービスの特定施設入居者生活介護に位置付けられています。

介護サービス受給者数（単位：千人）

	総数	要介護1	要介護2	要介護3	要介護4	要介護5
総数	4,365.0	1,142.4	1,075.7	839.5	761.2	546.2
居宅サービス	3,104.4	983.5	915.6	558.7	394.4	252.2
地域密着型サービス	885.2	258.3	236.9	180.9	126.1	83.1
施設サービス	957.2	50.5	90.5	225.9	325.7	264.7

厚生労働省介護給付費等実態統計月報（令和元年６月審査分）結果の概要より

介護予防サービス受給者数（単位：千人）

	総数	要支援1	要支援2
総数	764.8	294.8	467.3
居宅サービス	748.5	287.8	458.2
地域密着型サービス	14.5	5.6	8.7

厚生労働省介護給付費等実態統計月報（令和元年６月審査分）結果の概要より

介護サービスの種類

	都道府県・政令市・中核市が指定・監督を行うサービス
介護給付	**A 居宅介護サービス** **a【訪問サービス】** ○訪問介護（ホームヘルプサービス） ○訪問入浴介護 ○訪問看護 ○訪問リハビリテーション ○居宅療養管理指導 **b【通所サービス】** ○通所介護（デイサービス） ○通所リハビリテーション **c【短期入所サービス】** ○短期入所生活介護（ショートステイ） ○短期入所療養介護 ○特定施設入居者生活介護 ○福祉用具貸与 ○特定福祉用具販売 **B 施設サービス** ○介護老人福祉施設 ○介護老人保健施設 ○介護療養型医療施設 ○介護医療院
予防給付	**E 介護予防サービス** 【訪問サービス】 ○介護予防訪問入浴介護 ○介護予防訪問看護 ○介護予防訪問リハビリテーション ○介護予防居宅療養管理指導 【通所サービス】 ○介護予防通所リハビリテーション 【短期入所サービス】 ○介護予防短期入所生活介護（ショートステイ） ○介護予防短期入所療養介護 ○介護予防特定施設入居者生活介護 ○介護予防福祉用具貸与 ○特定介護予防福祉用具販売

この他、居宅介護（介護予防）住宅改修、介護予防・日常生活支援総合事業（総合事業）がある。

※居宅介護（介護予防）住宅改修に関してはＡ－ａ９、介護予防・日常生活支援総合事業（総合事業）に関してはＥで記載しています。

	市町村が指定・監督を行うサービス
	 ○定期巡回・随時対応型訪問介護看護 ○夜間対応型訪問介護 ○地域密着型通所介護 ○認知症対応型通所介護 ○小規模多機能型居宅介護 ○認知症対応型共同生活介護 （グループホーム） ○地域密着型特定施設入居者生活介護 ○地域密着型介護老人福祉施設入所者生活介護 ○複合型サービス （看護小規模多機能型居宅介護） D 居宅介護支援
	 ○介護予防認知症対応型通所介護 ○介護予防小規模多機能型居宅介護 ○介護予防認知症対応型共同生活介護 （グループホーム） G 介護予防支援

「介護保険制度をめぐる状況について」厚生労働省老健局　平成 31 年 2 月 25 日

A 居宅介護サービス

a-1 訪問サービス

訪問介護（ホームヘルプサービス）

▶ 自宅にホームヘルパーが来てくれる

訪問介護とは

訪問介護は**ホームヘルプサービス**ともいいます。介護職員初任者研修、介護職員実務者研修、介護福祉士などの有資格者が自宅に来て、日常生活を送るために必要な援助をしてくれる介護サービスです。

訪問介護で受けられる介護サービスを押さえておく

訪問介護で受けられる介護サービスには、身体介護、生活援助、通院における車両の乗り降りや受付の介助があります。身体介護とは、利用者の身体に直接触れて行う介助のことで、食事、排泄、入浴、着替え、移動、服薬介助などです。生活援助とは、日常生活を送るために必要な介助のことを指し、炊事、掃除、洗濯、買い物、薬の受け取り、ベッドメイキングなどです。

ケアプランに基づき、契約している時間内で、日々の暮らしのサポートを受けられますが、介護保険サービス利用は公的な資金を基にしているため、介護する家族にとっては使いにくい面もあります。それは、介護サービスを利用する本人に対してのみ提供される点です。老老夫婦世帯において、配偶者も自立が難しい場合でも、利用者本人のための身体介護や生活援助だけしか受けられないため、調理は一人分、洗濯も一人分、掃除は本人の部屋や利用するトイレなどに限られます。大掃除、窓ふき、庭の草取りや花木への水やり、ペットの世話などは訪問介護におけるサービスの範囲外となることは留意しておかなければなりません。

訪問介護でできること

◆身体介護

・食事の介助
・排泄の介助
・おむつの交換
・入浴の介助
・身体清拭・洗髪
・体位変換
・起床・就寝の介助
・車いすへの移乗
・歩行介助
・外出・通院の介助　　など

◆生活介助

・食事の用意・片付け
・調理
・掃除
・ゴミ出し
・洗濯
・買い物
・薬の受け取り
・ベッドメイキング　　など

※原則、生活介助は同居家族がいる場合は利用できません。

訪問介護ではできないこと

・利用者以外のための調理、掃除、洗濯、買い物など
・草取り、花木への水やり
・ペットの世話
・大掃除
・部屋の模様替え
・雪かき
・留守番
・話し相手
・金銭管理
・医療行為にあたるもの　　など

介護保険外サービスで可能なものがある（第6章⑬参照）

◆家事代行業者に依頼

・大掃除
・庭掃除、草取り
・季節ごとの洋服の入れ替え
・病院の付き添い、院内介助

◆トラベルヘルパーに依頼

・旅行
・お墓参り
・観劇
・デパートへ買い物

A

a-2 訪問看護

▶ 看護師が自宅に来てくれる

訪問看護とは

訪問看護とは、病気や障害を持った人（赤ちゃん〜高齢者）が住み慣れた地域や家庭で療養生活を続けられるよう、看護師や保健師などの医療スタッフに自宅に来てもらい、主治医の指示に基づき医療的なケアや看護を受けるものです。

訪問看護で提供される主なサービスは、療養上の世話・日常生活の支援（身体清拭、洗髪、入浴介助、食事や排泄の介助や指導、褥瘡（じょくそう）（床ずれ）予防の指導)、医師の指示による医療処置、病状の観察、医療機器の管理、ターミナルケア、家族などへの介護支援・相談などです。さらに、医師や介護職、行政など多職種による在宅支援チーム内の調整という重要な任務を担っています。

訪問看護には主治医の「訪問看護指示書」が必要

訪問看護を受けるには、主治医に訪問看護が必要と判断してもらい、「**訪問看護指示書**」を交付してもらう必要があります。訪問看護師は、この指示書に基づき、必要な看護サービスを行います。

医療保険適用か介護保険適用か

訪問看護には、**医療保険を使うケース**と**介護保険を使うケース**があります。介護保険を利用する場合は、ケアプランに盛り込み、それぞれの区分支給限度額内での利用（超過分は全額自己負担）となります。

医療保険適用には週３回までという制約がありますが、末期がん、難病患者、人工呼吸器装着患者など重度の場合はその制限はなくなります。どちらが適用されるか、詳細などは各々確認してください。

医療保険・介護保険の訪問看護のイメージ

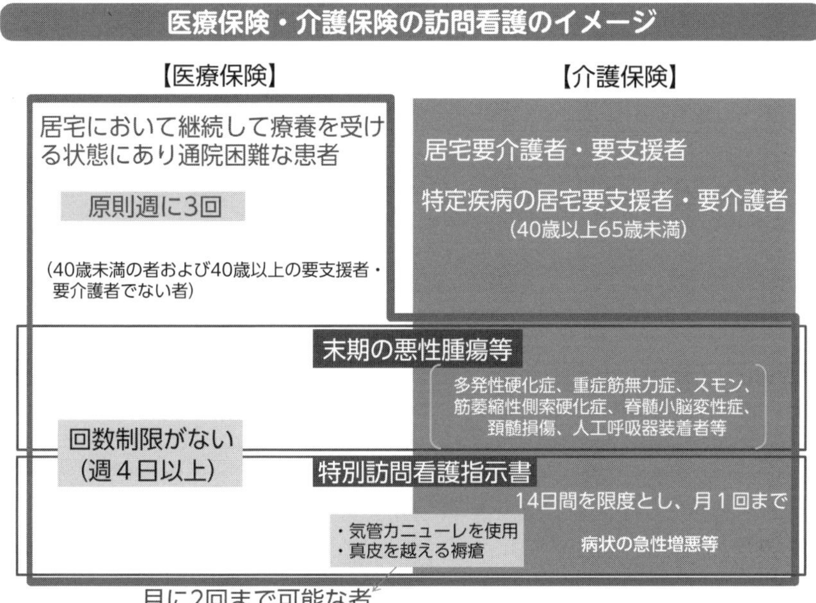

「訪問看護について」 厚生労働省中央社会保険医療協議会

A

a-3 訪問入浴介護

▶ 自宅で入浴が可能

訪問入浴とは

訪問入浴とは、看護師を含めた専門スタッフが、寝たきりなどの理由で自宅の浴槽では入浴するのが困難な在宅の要介護者に対して、専用浴槽を自宅に持ち込み、入浴の介護を行うサービスです。介護職員２人と看護師１人の３人で行うことが一般的です。

日本人は湯船に浸かることが好きですが、入浴にはリラックス効果とともに、痒みを取り、免疫力を上げる効果があります。

介護保険により訪問入浴介護を受けることができるのは要介護１以上で自宅の浴槽では入浴が難しい人です。ただし、要支援１・２の人で、自宅に浴槽がない､感染症などがあり他の施設での入浴が難しい場合は､介護予防訪問入浴介護として利用することが可能です。その場合は、介護職員１人、看護師１人の２人で行います。

訪問入浴の内容と手順

訪問入浴の内容と手順は次のとおりで、所要時間は45分程度です。

1. 健康チェック（体温、血圧、脈拍チェックで入浴の可否判断）
2. 入浴準備（マット、防水シート、浴槽等の搬入、最適温度の湯を張る）
3. 浴槽への移動
4. 洗髪・洗顔
5. 洗身
6. リラックス（湯船に浸かる）

7．ベッドに移動

8．健康チェック（体温、血圧、脈拍チェック）
必要に応じて軟膏の塗布、褥瘡の処置

9．片付け

なお、体調がすぐれないときは、部分浴（足浴）や清拭も可能です。

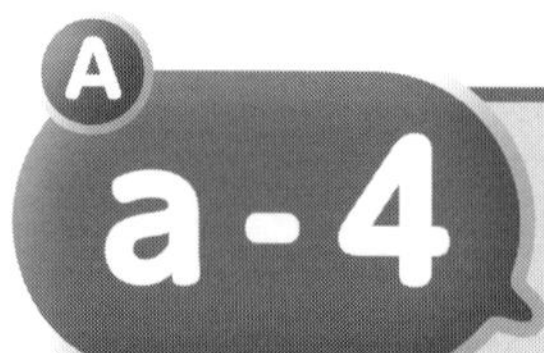

訪問リハビリテーション

▶ 自宅でリハビリが受けられる

訪問リハビリテーションとは

訪問リハビリテーション（以下「**訪問リハビリ**」）とは、主治医が必要と判断した要介護者の自宅に、理学療法士、作業療法士、言語聴覚士などのリハビリテーション（以下「リハビリ」）専門職が訪問し、心身機能の維持・回復や、日常生活の自立を目指して行われるリハビリサービスです。病院やリハビリ施設への通院が困難な場合や退院・退所後の日常生活に不安がある場合に利用できます。通所リハビリとの違いは、実際の生活環境に合わせた訓練を、リラックスして行える点です。

訪問リハビリを利用できる対象者

訪問リハビリを利用できるのは、要介護１以上の認定者で、主治医が訪問リハビリを必要と判断した人です。平成29年６月の厚生労働省社会保障審議会介護給付費分科会「訪問リハビリテーション参考資料」によると、最も優先順位が高い課題領域は、歩行・移動、姿勢保持、移乗で、それぞれ機能回復訓練と基本的動作訓練が中心です。

訪問リハビリテーションの訓練内容

最も優先順位が高い課題領域（上位項目）に対して最も多く行っている訓練

■機能回復訓練　□基本的動作訓練
■応用的動作訓練　■社会適応練習
■コミュニケーション訓練　□自己訓練練習
■マッサージ　■無回答

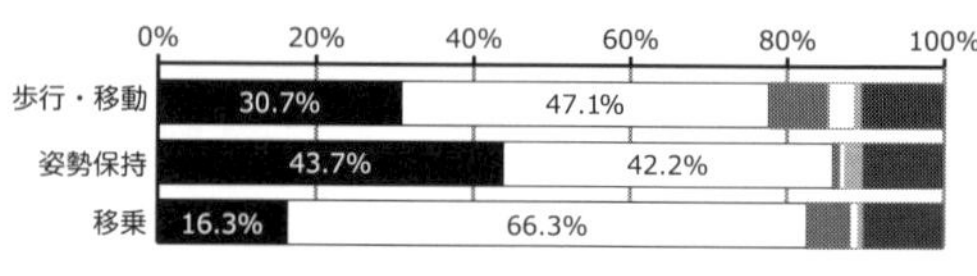

「訪問リハビリテーション参考資料」厚生労働省社会保障審議会介護給付費分科会

居宅療養管理指導

▶ 自宅での生活継続のための生活指導

居宅療養管理指導とは

居宅療養管理指導とは、医師、歯科医師、薬剤師、管理栄養士、歯科衛生士が自宅を訪問し、療養上の管理と指導が行われる介護保険サービスです（薬剤師、管理栄養士、歯科衛生士は、医師、歯科医師の指示が必要)。通院が困難で不安な生活を送っている要介護者に対し、可能な限り住み慣れた自宅での日常生活を持続できるよう、日頃の疑問や質問に応じたり、療養生活の質の向上を目指した生活指導が行われます。ケアマネジャーには、ケアプラン作成に必要な情報提供となります。

居宅療養管理指導のメリット・デメリット

居宅療養管理指導の最大のメリットは、通院が困難となっても、自宅で医療の専門家による直々の健康管理や指導を受けることができる点です。呼吸器など日常的な管理が必要な医療機器を使用している人や、口腔内ケアが必要な人も定期的な管理や指導が受けられ安心です。また、家族にとっても、通院に付き添う負担がなく、居宅の環境を理解した上でのアドバイスを受けられるのは大きなメリットです。

デメリットは、実際の医療行為を伴わない点です。治療も行ってほしい場合は、医療保険が適用となる往診や訪問診療を選択するほうがよい場合もあります。

A

a-6 特定施設入居者生活介護

▶ 介護付きの施設に入り介護を受ける

特定施設入居者生活介護とは

特定施設入居者生活介護とは、介護保険の指定を受けた有料老人ホームや軽費老人ホーム、養護老人ホーム、介護付有料老人ホームに該当するサービス付き高齢者向け住宅など（これらをまとめて「特定施設」という）に入居している要介護者に対して、食事や入浴などの日常生活上の支援や、機能訓練などを提供する居宅サービスの一つです。

特定施設入居者生活介護は３種類

特定施設入居者生活介護は**３つの指定基準**があります。都道府県が指定する指定居宅サービスに該当する「**特定施設入居者生活介護**」、指定予防サービスに該当する「**介護予防特定施設入居者生活介護**」、市町村が指定する定員29人以下の指定地域密着型サービスに該当する「**地域密着型特定施設入居者生活介護**」です。

さらに前者２種類において、ほとんどが包括的に介護サービスを提供する「一般型」特定施設ですが、一部に、ケアプランの作成や生活相談、安否確認は特定施設の職員が担当し、その他の介護サービスは外部の指定介護サービス事業者が提供する「外部サービス利用型」もあります。この「外部サービス利用型特定施設入居者生活介護」の指定施設になったものに、養護老人ホームがあります。養護老人ホームは生活に困窮した自立の高齢者で、市町村が入所と決定した人が指定された養護老人ホームに入所する形で、介護施設ではないため、以降、本書では取り上げません。

介護付有料老人ホーム、介護型ケアハウスは、在宅サービスの居宅介護サービスの一つである特定施設入居者生活介護の指定を受けた特定施設。つまり、在宅介護の一種であり、介護保険においては施設サービスではありません（第2章①参照）。

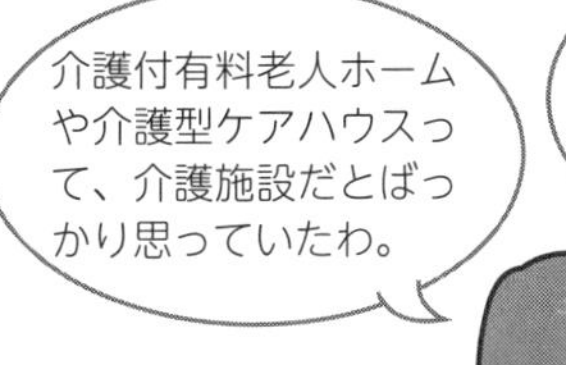

実は、居宅介護サービスの一つで、在宅サービスだったなんて！　びっくりね!!

介護保険でいう「施設」って、この後出てくる特養や老健、介護医療院だけだったなんて。介護保険って、わかりにくいわねェ〜。

特定施設入居者生活介護における「一般型」と「外部サービス利用型」

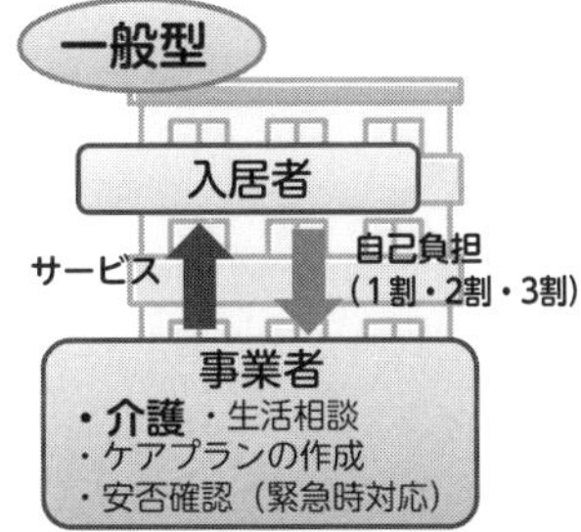

○一般型と外部サービス利用型の主な違い

	一般型	外部サービス利用型
報酬の考え方	・包括報酬 ※要介護度別に1日当たりの報酬算定	・定額報酬（生活相談・安否確認・計画作成） ＋ ・出来高報酬（各種居宅サービス）
サービス提供の方法	・特定施設の従業者による提供	・委託する介護サービス事業者による提供

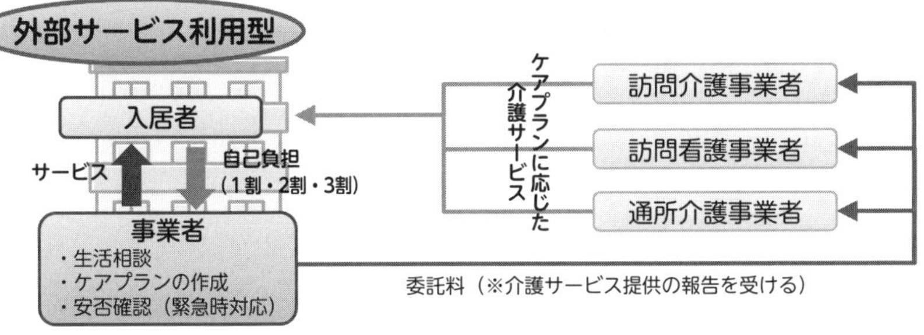

「平成27年度介護報酬改定に向けて（特定施設入居者生活介護等について）」厚生労働省

福祉用具貸与

▶ 介護保険で必要な福祉用具をレンタル

介護保険で福祉用具を借りる

要介護者が自立した生活を送るために、また、介護する人の負担を軽くするために、**福祉用具を介護保険で借りる**ことができます。身体状況の変化により、購入しても短期間で要らなくなることもあります。その時期に一番フィットするものを必要な時期だけ借り、器具の調整や修理にもすばやく対応してもらえるレンタルは使い勝手が良く便利です。

福祉用具の種類

介護保険の対象となる福祉用具貸与の品目は次ページをご覧ください。要介護度に応じて使用できる種目に制限がありますので、詳細はケアマネジャーや地域包括支援センターに確認してください。

福祉用具のレンタル料には上限が設定されている

以前は福祉用具のレンタル料金にばらつきが大きかったことから、見直しが行われました。厚生労働省は適正価格での貸与を確保するため、全国平均貸与価格を公表し、商品ごとに貸与価格の上限を設定し、定期的な見直しも行われています。福祉用具のレンタル事業者には、専門知識を有する福祉用具専門相談員の配置が義務付けられています。福祉用具専門相談員は、全国平均貸与価格と自社価格の両方を利用者に説明し、機能や価格帯の異なる複数の商品を提示します。

福祉用具貸与の品目

- 車いす
- 車いす付属品
- 特殊寝台
- 特殊寝台付属品
- 床ずれ防止用具
- 体位変換器
- 手すり
- スロープ
- 歩行器
- 歩行補助杖
- 認知症老人徘徊感知機器
- 移動用リフト
- 自動排泄処理装置

福祉用具貸与の受給者数

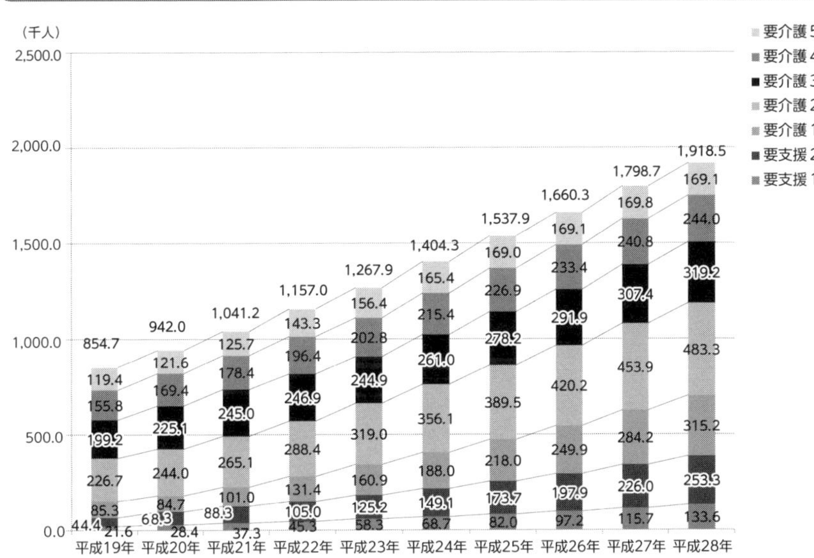

※総数には、月の途中で要介護から要支援（又は要支援から要介護）に変更となった者を含む。
※経過的要介護は含まない。

「介護給付費実態調査」（各年４月審査分）厚生労働省

福祉用具レンタル対象種目

①特殊寝台

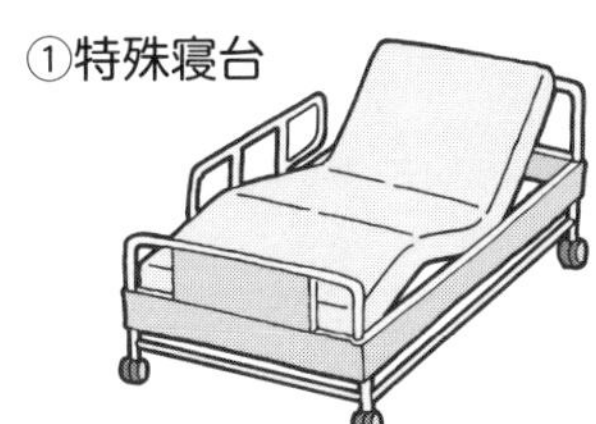

②車いす

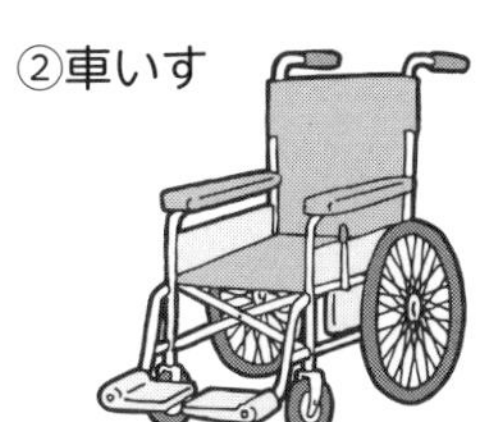

③４点杖

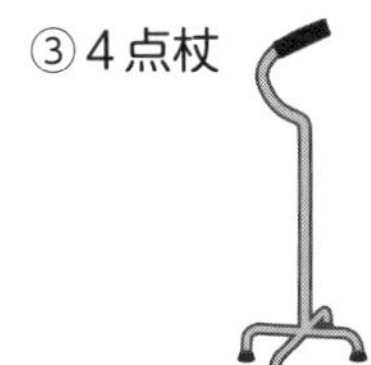

A a-8 特定福祉用具販売

▶ 介護保険で必要な福祉用具を購入

特定福祉用具販売とは

特定福祉用具販売は要介護者等の自立の促進や、介助者の負担の軽減を図るためのものです。福祉用具はレンタルより自分専用のものを購入したほうがよいケースがあります。それは次のような場合です。

①他人が利用したものを再利用することに心理的抵抗感が伴うもの。
例えば、入浴・排泄関連用具

②使用により、元の形態や品質が変化し、再度利用ができないもの。
例えば、移動用リフトのつり具など

要介護１以上の認定を受けた人は、このようなレンタルにはなじまない「**特定福祉用具**」を介護保険で購入できます。１年間に10万円が上限ですが、介護保険の利用者は、自己負担割合分で購入できます。

指定事業者からの購入に限定

介護保険を利用した特定福祉用具販売は、指定事業者からの購入に限定されます。事前にケアマネジャーや地域包括支援センターに相談しましょう。なお、原則「償還払い」となっているので、利用者はいったん全額（10割）を支払い、保険者に申請して、払い戻しを受けます。

福祉用具の展示

福祉用具を一挙に展示するイベントが時折開催されます。また、それほど大掛かりなものでなくても、一部の福祉用具が常設されているところもあり、展示されていないものでも、パンフレットを見ながら説明を受けることができます。購入前に実物を見て、使い方の指導を受け、体験しておくとよいでしょう。

【特定福祉用具販売】に該当するもの

①腰掛け便座
- 和式便座の上において腰掛け式に変えるもの
- 洋式便座の上において高さを変えるもの
- 電動式、スプリング式で、立ち上がる際に補助できる機能があるもの
- 移動可能なもの（居室にて使用できるもの）

②自動排泄処理装置の交換可能備品

③入浴補助用具
- 入浴用いす
- 浴槽用手すり
- 浴槽内いす
- 入浴台
- 浴室内すのこ
- 浴槽内すのこ
- 入浴用介助ベルト

④簡易浴槽

⑤移動用リフトのつり具の部品

適切な福祉用具を選ぶポイント

①使う人の身体に合っているか
②本人や介護者が無理なく操作できるか
③福祉用具を使用できる環境か

自費で購入等した場合の初期費用（参考価格例）

車いす（※1）	自走式4～15万円、電動式30～50万円
特殊寝台（※1）	15～50万円　機能により金額は異なる
移動用リフト（※1）	据置式20～50万円（工事費別途） レール走行式50万円～（工事費別途）
ポータブルトイレ（※2）	水洗式1～4万円、シャワー式10～25万円
手すり（※3）	廊下・階段・浴室用など1万円～ サイズ・素材により金額は異なる（工事費別途）
階段昇降機	いす式直線階段用50万円～（工事費別途）

※1は、福祉用具貸与制度の対象　※2は、特定福祉用具販売・購入費の対象　※3は、住宅改修費の対象

介護保障ガイド（2018年8月改訂版）生命保険文化センター

A

a-9 住宅改修

▶ 介護保険で介護しやすく住宅改修

住宅改修には介護保険が利用できる

要介護・要支援の認定を受けた人が自宅で暮らし続けるためには、手すりを付ける､段差をなくすなどの住宅改修が必要な場合があります｡事前にケアマネジャーに相談し、必要な書類を市町村の担当課に申請します。役所に登録している事業者に施工を依頼することで、介護保険の住宅改修制度が利用でき、一人当たり20万円までの住宅改修費は、自己負担割合分で済みます。全額立て替えをしなくて済む受領委任払い制度を採用している自治体が多くなっています。

一世帯二人の要介護・要支援者がいれば40万円まで！

一世帯に要介護･要支援者が二人いる場合は、40万円までの住宅改修が可能です。また､要介護度が３段階上昇した場合や転居した場合も､一人１回に限り再度20万円まで利用できます。

住宅改修制度の注意点

住宅改修の利用には、事前に申請書類を保険者に提出し、確認通知を受けてから着工します｡住宅が本人の所有でない場合や共有の場合は､住宅改修の承諾書が必要となり、住宅改修費は償還払いです。なお、住宅改修工事終了後は、領収書、工事費内訳書、完成後の写真などの提出が必要です。

主な住宅改修工事の内容

・手すりを付ける
・段差の解消
・滑りの防止・移動の円滑化などのための床、通路面の材料の変更
・引き戸への扉の取り換え
・洋式便所への取り換え
・上記工事に付帯して必要と認められる工事

高齢者は
『転ばないこと』が大切
そのためにバリアフリーは
必要です

住宅改修工事に必要な書類

・住宅改修支給申請書
・住宅改修が必要な理由書（ケアマネジャーなどが作成）
・工事費見積書
・図面（工事箇所のわかるもの）
・改修前の写真（日付の入ったカラーのもの）
・受領委任払い申出書

ケアマネジャーにご相談を！

現在病院に入院中、近々退院予定という場合でも、介護保険で自宅を住宅改修することが可能なケースがあります。ただし、改修工事が完了しても、改修費の支給申請は退院後に行うことになります。また、万が一退院できないような場合は、住宅改修費支給の申請はできません。

通所介護（デイサービス）

通所介護（デイサービス）とは

通所介護は通常は**デイサービス**といわれています。送迎付きでデイサービスセンターや特別養護老人ホーム（特養）へ通い、1日数時間、介護を受けて過ごす介護サービスで、利用定員数は19人以上です。

生活に潤いとメリハリができ、家族は一息

1週間に1～3回、デイサービスに行き、ランチや入浴、体操やゲームを楽しむことで社会との接点を保ち、刺激を受け、メリハリのある生活を維持できます。家族にとっては、入浴してきてくれるのは大変助かります。通所中に布団干し、シーツの洗濯、買い物などの家事ができ、ほっと一息、自分の時間を作れます。また、体調の変化や認知症の進捗具合を複数の介護のプロにチェックしてもらえるので安心です。デイサービスは、要介護者、家族双方にとって大きな支えとなります。

デイサービスの多様化

近年、特徴のあるデイサービスが現れ、多様化しています。高齢者本人や家族は、内容や雰囲気が合うところを選択できます。例えば、比較的元気な人向けに、豊富なプログラムの中から「今日は○○をしたい」と自分で決めて取り組み、ランチもバイキング方式で好きなものを食べられるデイサービスや、アロマやお化粧を楽しめるデイサービスもあります。

A

b-2 通所リハビリテーション（デイケア）

▶ デイケアで機能訓練

通所リハビリテーション（デイケア）とは

通所リハビリテーションは**デイケア**といわれ、介護老人保健施設、介護医療院、病院、診療所などに併設された施設などに通い、リハビリの専門スタッフによる運動機能の向上、栄養改善、口腔機能の向上を目的としたリハビリテーションが受けられる介護保険サービスです。

この施設には医師、看護師の他、理学療法士、作業療法士、言語聴覚士のいずれか１人以上がいて、医師の指示の下で、心身機能の維持・向上を図り、日常生活の自立を促すリハビリテーションが行われます。

介護保険でデイケアを利用できるのは**要介護１以上**の認定を受けた人で、**要支援者は介護予防リハビリテーション**を利用します。

デイケアの効果

デイケアでのリハビリテーションは、自宅で受けるものと異なり、施設に行くことで専門的なリハビリ器具を使用できます。施設により設備に差があるため、自分に適したリハビリが受けられるか確認します。デイサービスと同様に、利用者同士が交流することで、家族以外の人とのコミュニケーションが図れ、自主性や協調性を培うことができます。また、日常生活にメリハリができ、時間の管理能力を養うことにもつながります。

利用料金は、デイサービスより高めに設定されており、要介護１以上の人はデイサービスとの併用が可能です。

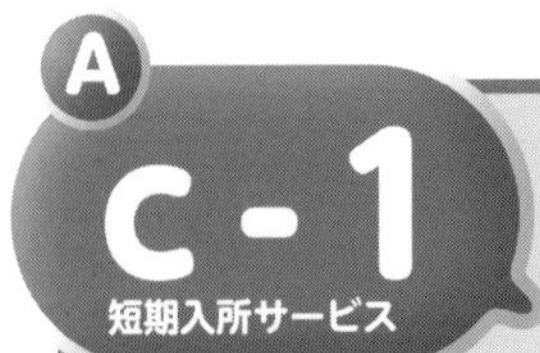

短期入所生活介護(ショートステイ)

▶ ショートステイで家族もレスパイト

短期入所生活介護(ショートステイ)とは

短期入所生活介護は、**ショートステイ**といわれ、数日から最大30日間(要介護度により介護保険で利用できる日数は異なる)介護施設に入所し、入浴・排泄・食事などのほか、必要な介護が受けられる介護保険サービスです。ショートステイが可能な介護施設は、特別養護老人ホーム(特養)や介護老人保健施設(老健)などです。

ショートステイは、介護する家族への支援

ショートステイは、家族の仕事が忙しいとき、出張で留守のとき、法事や旅行に出かけるとき、家族の体調が悪いときなど、一時的に介護できないときなどに利用しますが、家族の介護負担軽減のため、定期的に毎月何日間か予約して利用するケースもあります。

ショートステイは予約が必要

ショートステイの料金は、宿泊費、介護費用、食費で、1日単位ですが、宿泊費は居室タイプにより異なります。

ショートステイは通常ケアマネジャーに依頼して予約してもらいますが、なかなか思うように予約が取れない場合もあります。介護保険外の利用で料金は自費ですが、有料老人ホームでショートステイを行っているところもあります。事前に調べておくとよいでしょう。

レスパイトケア　ショートステイで家族は「レスパイト」！

自宅で介護をしていると、介護をしている側の家族は自分の時間が取れず､ストレスが溜まることがあります。「レスパイト」とは、「小休止、息抜き」という意味で、「レスパイトケア」は、家族が一時的にでも介護から解放され、休息を取れるようにする支援のことです。自分の好きなことに時間を使えるので、リフレッシュできます。レスパイトケアの代表がショートステイです。定期的にショートステイを組み込むことで、それに合わせて予定を組めるので、介護生活を持続するエネルギーとなります。上手に使いましょう。

ショートステイの内容

・昼間は、入浴、食事、レクリエーション、リハビリテーションなどのサービスを受けられます。

・夜間は居室で休みます。

介護老人福祉施設

▶ 特養は安くて終のすみかになる人気施設

介護老人福祉施設とは

介護老人福祉施設は介護保険法上の名称で、一般的には老人福祉法上の名称である**特別養護老人ホーム**（**特養**。以下同）という名称で知られています。要介護３以上で、常時介護が必要、自宅での介護が困難と認められた人が、食事や排泄などの介護を常時受けながら生活できる入所施設です。**介護老人保健施設**（**老健**）、**介護医療院・介護療養型医療施設**とともに「**介護保険３施設**」と呼ばれています。設置者の大半は社会福祉法人です。

特養は安くて人気、待機者が多いエリアも

特養は、常時医療が必要にならない限り最期まで介護を受けて暮らせる「終のすみか」となる公的施設です。入所金は不要で、月額費用も低所得者は軽減を受け安く暮らせるため人気があり、待機者が数百人という施設もあります。待機者状況は、地域やタイミングにより異なります。

特養入所は申込み順ではありません。一つベッドが空いた時点で、性別も考慮の上、緊急性の高い人が優先され、入所案内が届きます。要介護度が高い、介護者がいない人が緊急性の高い人とみなされます。

特養への申込みは、地域により、直接施設へ申し込む場合と、役所の窓口に申し込む場合があります。居住地域外の施設への申込みも可能ですが、地域の人が優先されます。ケアマネジャーに相談しましょう。

特養の費用

特養でかかる費用は、居住費、食費、施設介護サービス費（要介護度と自己負担割合により異なる）、日用品費と必要に応じた各種加算で、オムツ代は施設負担です。４人部屋などの従来型多床室に比べ、近年増えているユニット型個室は居住費が高くなっています。ユニット型個室方式は、アットホームに暮らせるよう10人以下のグループ（ユニット）に分け、食堂兼リビングを中心に個室が配置され、プライバシーが保たれる形態です。なお、特養には看護師が配置されています。

介護老人福祉施設（特養）の人員・設備基準

○人員基準

医師	入所者に対し健康管理および療養上の指導を行うために必要な数
介護職員 または看護職員	入所者の数が３またはその端数を増すごとに１以上
栄養士 機能訓練指導員	１以上
介護支援専門員	１以上（入所者の数が100またはその端数を増すごとに1を標準とする）

○設備基準

居室	原則定員一人、入所者一人当たりの床面積10.65㎡以上
医務室	医療法に規定する診療所とすること
食堂および 機能訓練室	床面積入所定員×３㎡以上
廊下幅	原則1.8m以上
浴室	要介護者が入浴するのに適したものとすること

ユニット型介護老人福祉施設の場合、上記基準に加え、以下が必要
・共同生活室の設置
・居室を共同生活室に近接して一体的に設置
・１ユニットの定員は概ね10人以下
・昼間は１ユニットごとに常時一人以上の介護職員または看護職員、夜間は２ユニットごとに一人以上の介護職員または看護職員を配置
・ユニットごとに常勤のユニットリーダーを配置等

多床室

4人部屋　4人部屋　4人部屋
廊 下　　食 堂（共同生活室）
4人部屋　4人部屋　4人部屋

ユニット型個室

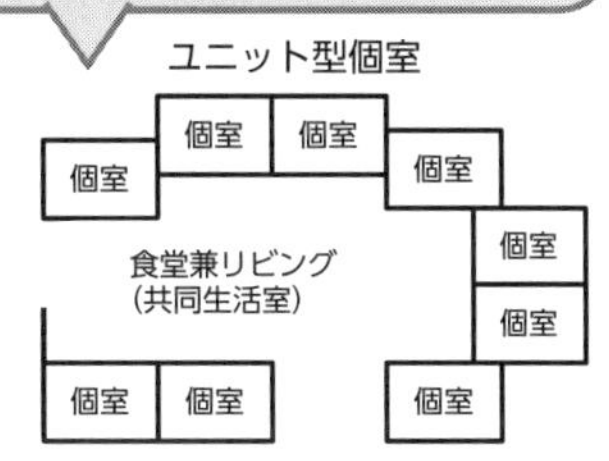

「介護老人福祉施設（参考資料）」厚生労働省社会保険審議会介護給付費分科会第143回（平成29.7.19）

介護老人保健施設

▶ 老健で在宅復帰を目指しリハビリ

介護老人保健施設（老健）とは

介護老人保健施設（老健）は、要介護１以上で、病院を退院して安定してはいるものの、夜間の介護や経管栄養が必要な人などが入所できます。特養のように終のすみかとなるわけではなく、病院と自宅の中間施設で、在宅復帰を目指してリハビリに励む施設という位置付けで、入所期間は原則３カ月間です。実際は３カ月ごとに入所継続の判定が行われ、もう少しリハビリが必要で待機者がいない場合は入所期間が延長され、６カ月とか１年程度入所可能な場合もあります。運営者は医療法人や社会福祉法人です。

老健ではリハビリが行われ、平日医師がいる

老健では「１週間に２回以上の在宅復帰に向けての生活リハビリを行う」という規定があり、理学療法士（PT)、作業療法士（OT)、言語聴覚士（ST）のいずれか１人が配置されています。リハビリに力を入れている老健では在宅復帰率が高くなっています。しかし、リハビリへの取組みは、入所者の身体状況、年齢、意欲により一様ではありません。積極的に取り組みたい場合は、リハビリに力を入れている老健を選ぶことが大切なので、ケアマネジャーにその意向を伝えましょう。

入所者100人以上の老健には平日の昼間、内科医、整形外科医、精神科医のいずれか１人の医師が常勤していて、体調管理が行われています。風邪、頭痛、腹痛などの場合は、施設内で投薬が受けられます。

特養よりは入所しやすいため、特養入所の待機をしている人もいます。

介護老人保健施設の基準

・人員

医師	常勤1以上、100対1以上
薬剤師	実情に応じた適当数（300対1を標準とする）
看護・介護職員	3対1以上、うち看護職員は2/7程度
支援相談員	1以上、100対1以上
理学療法士、作業療法士または言語聴覚士	100対1以上
栄養士	入所定員100以上の場合、1以上
介護支援専門員	1以上（100対1を標準とする）
調理員、事務員その他の従業者	実情に応じた適当数

・施設および設備

療養室	1室当たり定員４人以下、入所者１人当たり８㎡以上
機能訓練室	１㎡×入所定員数以上
食堂	２㎡×入所定員数以上
廊下幅	1.8m以上（中廊下は2.7m以上）
浴室	身体の不自由な者が入浴するのに適したもの等

「介護老人保健施設（参考資料）」
厚生労働省　社会保険審議会
介護給付費分科会第144回

老健のメリット・デメリット

◆メリット：医療ケアの充実とリハビリテーションの充実
医師、リハビリ専門家とも、入所者100人に１人以上
特養より入所しやすく、使い勝手が良い

◆デメリット：入所期間は原則３カ月間。終身利用不可
在宅復帰を目指しているため、自宅での生活が可能と
判断されると退所となる

※特養と同じく、老健にはユニット型個室もあります。

介護医療院・介護療養型医療施設

▶ 療養生活のための病院の介護ベッド

介護医療院・介護療養型医療施設とは

介護医療院・介護療養型医療施設は、急性期の治療が終わり病状は安定しているものの、医療や介護の必要度が高く、長く療養生活をする人のための病院の介護ベッドです。入所要件は要介護１以上ですが、経管栄養を行っている人も多数入所しています。

この介護療養型医療施設は、2018年４月の介護保険法改正により全面廃止と決まり、６年間の移行期間を経て「**介護医療院**」に転換することになっています。これまでの医学管理や看取り・ターミナルケアなど長期療養のための施設から、生活施設としての機能を重視する方向へ転換したことで、居室面積が6.4㎡から８㎡に広がりました。現在は移行期間中で、介護医療院と介護療養型医療施設が併存しています。

34～35ページの図「介護サービスの種類」では、介護療養型医療施設と介護医療院が別項目になっていますが、本書では一つにまとめています。

介護医療院・介護療養型医療施設は医療が充実

介護医療院にはⅠ型とⅡ型があります。Ⅰ型は重篤な身体疾患を有する人や身体合併症を有する認知症の人、Ⅱ型はⅠ型に比べ比較的安定した容体の人が対象です。Ⅰ型では医師は入所者48人に１人配置されるのに対し、Ⅱ型では100人に１人です。また、介護士はⅠ型では５人に１人配置されるのに対し、Ⅱ型は６人に１人で、費用はⅠ型のほうが高くなっています。

介護医療院の設備基準として、診察室、40㎡以上の機能訓練室、談話室、食堂、浴室、レクリエーションルームの設置が義務付けられており、長期療養に適した施設となっています。

介護医療院・介護療養型医療施設の特徴

・介護保険３施設の中では、最も医療や看護が充実している
・病院や診療所などに併設され、長期療養に適している
・介護保険を利用して入院できる
・介護保険３施設の中では、利用料が一番高い
・ユニット型個室もある

介護保険３施設比較一覧

	特別養護老人ホーム（特養）	介護老人保健施設（老健）	介護医療院 介護療養型医療施設
関係法規	介護保険法、老人福祉法	介護保険法、医療法	介護保険法、医療法
概要	日常生活での介護	看護・医学的管理下の介護とリハビリ	療養上の看護、医学的管理下の介護
コンセプト	自立した日常生活への支援	在宅復帰への支援	療養生活の支援
一人当たり床面積	10.65㎡〜	8㎡〜	8㎡〜 6.4㎡〜
費用の目安	5〜15万円	5〜16万円	5〜16万円

※ 費用の目安には、介護保険サービス自己負担分（1割、2割、3割）を含めています。

介護保険３施設への申込み時に必要な書類

●入所申込書兼台帳
　本人もしくは家族が記入。複数施設へ申込みの場合はコピー可
●入所選考調査票
　ケアマネジャーが記入。複数施設へ申込みの場合はコピー可
●介護保険被保険者証
●要介護認定調査票（基本調査）の写し
●直近３カ月分のサービス利用票および利用票別表の写し

なお、地域や施設により多少異なる場合がありますので、
事前にご確認ください。

地域密着型介護サービス

定期巡回・随時対応型訪問介護看護

▶ 定時・随時で訪問介護・看護が受けられる

定期巡回・随時対応型訪問介護看護とは

定**期巡回・随時対応型訪問介護看護**とは、重度の要介護者や一人暮らしの要介護者の在宅生活を、夜間も含め24時間絶え間なく支えていく仕組みです。このサービスを利用できるのは要介護1以上の人です。

定期巡回・随時対応型訪問介護看護のメリット

契約者は、1日複数回の定期的な訪問介護を受けられるだけでなく、緊急時は端末機で24時間365日いつでもオペレーターに連絡することができます。介護に精通したオペレーターは、利用者の話を聞き、すぐに訪問する必要があると判断すれば、訪問介護担当者や訪問看護担当者に連絡を取り、利用者の住まいに駆けつけるよう依頼します。そのため自宅にいても絶え間なく介護や看護を受けられ、安心して暮らすことができます。

デイサービスを利用することもできる

定期巡回・随時対応型訪問介護看護のサービス内容は、短時間の身体介護・生活援助、見守りなどの介護、医療処置、服薬管理などの医療ケア、緊急時対応です。定期巡回・随時対応型訪問介護看護の月額利用料は定額ですが、デイサービスやショートステイを使うことも可能です。その時間帯は定期巡回・随時対応型訪問介護看護の対応から外れるため、サービス費の調整が行われます。

キーパーソンとなるオペレーターは、医療・介護の熟練者！

担当窓口となるキーパーソンがオペレーターです。オペレーターの要件は、看護師、介護福祉士、医師、保健師、准看護師、社会福祉士または介護支援専門員（ケアマネジャー）です。ただし、事業所に常駐せず巡回しながら利用者の通報に対応してもよいことになっています。

定期巡回・随時対応サービスのイメージ

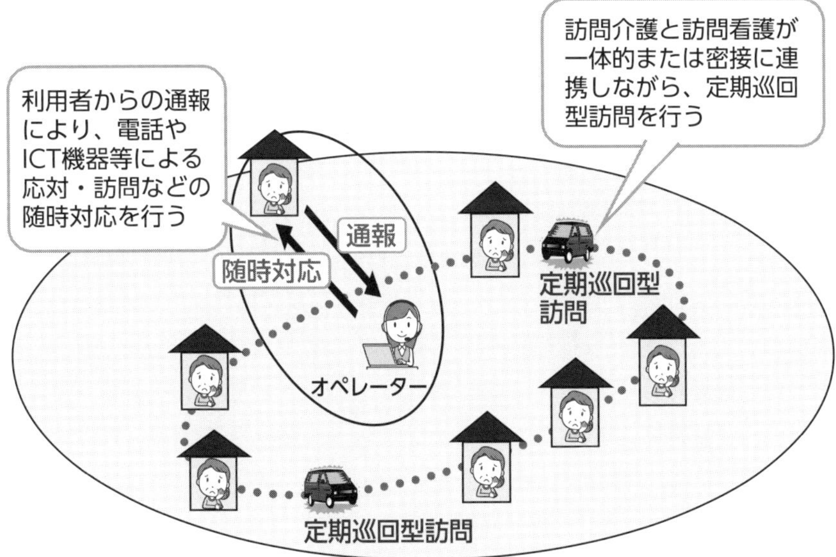

夜間対応型訪問介護

▶ 夜間帯に訪問介護が受けられる

夜間対応型訪問介護とは

夜間対応型訪問介護とは、18時から翌日の８時までの夜間帯に、訪問介護員（ホームヘルパー）が定期的に自宅に来てくれる介護サービスです。また、利用者の求めに応じて随時の訪問介護も受けられます。利用できるのは要介護１以上の人で、日中の訪問介護との併用が可能です。

夜間対応型訪問介護のオペレーションサービス

夜間対応型訪問介護には**オペレーションセンター**といって、介護に精通したオペレーターが利用者の通報を受け、指示やアドバイスをしたり、訪問介護員を派遣するキーパーソンがいます。このサービスは基本料のほか、呼出し回数に応じた料金が必要です。実際はオペレーションセンターのない事業所もあり、その場合は定額制です。訪問介護員は専用のケアコール端末機を持って動いています。一人暮らしや老老介護などで、特に夜間が心配、夜間は安心して眠りたいという場合には有効です。ただし、医療対応はできません。

地域密着型通所介護・認知症対応型通所介護

▶ 少人数でアットホーム

地域密着型通所介護とは

地域密着型通所介護とは、18人以下の小規模なデイサービスで、事業所のある市町村の住民限定の介護サービスです。居宅介護サービスにおける通所介護と同じく要介護1以上の人が利用でき、介護サービス内容において大きな違いはありません。しかし、18人以下と少人数のため、利用者の状況に合ったきめ細やかなサービスが提供されていることもあり、居宅介護サービスにおける通所介護より利用料金が1割程度高くなっています。

認知症対応型通所介護とは

認知症対応型通所介護とは、認知症の人に限定した小規模な通所介護サービスのことです。一般のデイサービスとの違いは、定員が12人以下の点と、認知症についての理解が深い職員が介護している点です。1日の流れも、一つのプログラムに沿うというより、利用者が楽しく通い続けられるように工夫されています。例えば、認知症の人は昔のことはよく覚えていることから、昔のおもちゃや写真などを用意する回想法や、童謡などを利用した音楽療法などを使うことがあります。

利用できるのは要介護1以上の人で、居住地の事業所を選びます。

小規模多機能型居宅介護

▶ 通所・訪問・宿泊が同じ施設で定額

小規模多機能型居宅介護とは

小規模多機能型居宅介護とは、施設への「通い」を中心に、必要があれば「訪問」、「泊り」も可能で、略して「**小多機**」といわれています。1事業所29人の定員で、顔なじみのメンバーと職員の中で生活できます。家族が忙しいときは宿泊、また体調がよくないときは訪問してもらうなど、融通が利きます。訪問介護、デイサービス、ショートステイと、別々の事業所を使うと、それぞれのルールが異なるため戸惑い、敷居が高くなりがちです。小多機では24時間365日連続して介護を受けられ、地域密着型サービスのため、自宅や近隣の施設への往復もなじみのエリアということで、認知症の人でも落ち着いて安心して過ごせるのが強みです。料金は定額制ですが、食費、宿泊費は別途必要です。要支援1から利用可能です。

小規模多機能型居宅介護利用における注意点

小多機を利用するにはその事業所のケアマネジャーへの変更が必要です。そのため、これまでのデイサービス、デイケア、ショートステイは利用できなくなります。また、「通いは気に入ったが、泊りは不満」とか、「通いはこれまでのデイサービスのほうがレクリエーションが充実していてよかった」という場合でも、部分的に事業所を変更することはできません。小多機への切り替えは慎重な検討が必要です。

複合型サービス（看護小規模多機能型居宅介護）

▶ 医療ケアも受けられる小多機

複合型サービスは、看護師のいる小多機

複合型サービスとは、小多機に看護師がいて、医療処置も行ってもらえる介護サービスで、**看護小規模多機能型居宅介護**、略して「**看多機**」といわれています。

複合型サービスの利用は要介護１以上の人に限られ、利用料金は小多機より高くなります。特に医療処置が必要な人には、主治医と連携を取りながら医療行為も含めた介護サービスを、「通い」「訪問」「泊り」を通して受けられるため、安心感の高い、優れたサービスといえます。

小規模多機能型居宅介護・看護小規模多機能型居宅介護

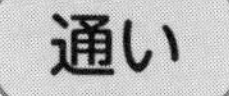

×

×

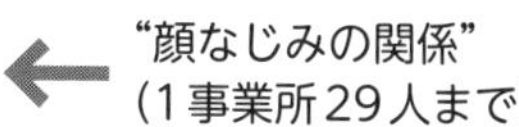

《小規模多機能型居宅介護》

認知症対応型共同生活介護（グループホーム）

▶ グループホームは認知症の人のすまい

認知症対応型共同生活介護（グループホーム）とは

認知症対応型共同生活介護とは、認知症の利用者を対象として、入浴、排泄、食事などの介護やその他の日常生活上の世話や機能訓練を提供するサービスのことで、その共同生活をする施設が**グループホーム**です。グループホームでは、その施設と同一地域内に住居と住民票を有し、身の回りのことができる要支援２以上の認知症の人が、５～９人で１ユニット（生活単位）として小規模な共同生活を行っており、原則、１施設２ユニットまでです。介護スタッフは、常勤換算で利用者３人に１人以上が配置（3：1以上）されています（24時間常駐、夜間は常時１人以上）。

グループホームには「医師や看護師はいない」・「家事を分担」が基本

グループホームは共同生活の場なので、医師や看護師の配置義務はありませんが、入居者の高齢化により、自主的に看護師を配置している施設も増えています。認知症は現在の医学では治すことはできませんが、頭と身体を使うことで、進行を抑制していく効果があります。掃除機をかける、ゴミ出しをする、洗濯物をたたむ、野菜の皮むきをする、食器を洗うなど、活躍の場が用意されています。その他の時間は、歌を歌ったり、ゲームやおしゃべりを楽しんだり、家庭的雰囲気の中で、和気あいあいと過ごします。

費用は入居時に数十万円程度、月額費用は10～20万円程度が目安ですが、施設ごとに異なるため確認が必要です。

グループホームのメリット・デメリット

◆メリット

・5～9人と少人数なので、顔の見える関係で落ち着いてアットホームに生活できる

・少人数でこじんまりしているため、職員とも家族のような関係となり、コミュニケーションもとりやすい

・残存能力を活用して家事を分担することで、認知症の進行を遅くする効果がある

◆デメリット

・医師や看護師の配置は義務付けられていないため、高度な医療、また、常時医療ケアが必要になると、退去しなければならない施設が多い

・要支援2以上で、身の回りのことができる人が入居するが、寝たきりになると、施設によっては退去となる可能性もある

・2階建ての古い民家を利用している施設もあり、設備などに差が大きい

・職員は排泄、入浴、食事介助だけでなく、食事作りや洗濯などの仕事もあるため多忙で、手厚い介護は受けにくい

地域密着型特定施設入居者生活介護

▶ 住み慣れた地域での生活持続が可能

地域密着型特定施設入居者生活介護とは

地域密着型特定施設入居者生活介護とは、利用者が可能な限り住み慣れた地域で自立した日常生活を持続できるよう、指定を受けた入居定員29人以下の有料老人ホームや軽費老人ホームなど（第3章参照）が、食事、入浴などの日常生活上の支援や機能訓練などを提供するサービスのことです。これらの施設は地域に密着した小規模な施設で、利用対象者は要介護1以上の人です。

「地域密着型サービス」とは

「地域密着型サービス」は、認知症高齢者や要介護高齢者が、介護度が高くなっても住み慣れた地域でいつまでも生活できるようにする目的で創設された介護サービスです。市町村により指定された事業者がサービスを行い、その地域の居住者が対象である点が、他の介護サービスとの相違点です。

滞在時間を短く、回数を多くした訪問サービスや小規模な施設など、利用者のニーズにきめ細かく対応ができるように、柔軟なサービス設計が行われています。

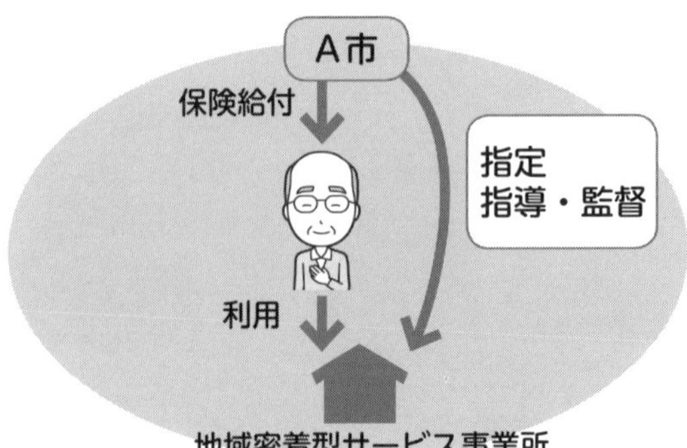

地域密着型介護老人福祉施設入所者生活介護

▶ 居住地にある小規模な特養

地域密着型介護老人福祉施設入所者生活介護とは

地域密着型介護老人福祉施設入所者生活介護とは、入所定員が29人以下の特別養護老人ホームで行われている介護サービスのことで、地域密着型施設サービス計画に基づいてサービスが提供されています。入所できるのは要介護３以上ですが、その施設と同一の市町村に住所のある人に限定されます。**地域密着型介護老人福祉施設**は、地域や家庭との結び付きを重視して明るく家庭的な運営を行っており、市町村、居宅介護支援事業者、居宅介護サービス事業者、地域密着型介護サービス事業者などと密接な連携で運営されています。そのため、入所者は住み慣れた地元で、少人数で顔の見える落ち着いた生活を持続できるので、環境の変化が少なく安心感があることから、溶け込みやすいのが特徴です。

地域密着型介護老人福祉施設入所者生活介護のサービス内容

地域密着型介護老人福祉施設入所者生活介護のサービス内容や日々の流れは、介護老人福祉施設（特老・Cの①参照）とほぼ同じで、食事、入浴、排泄などの介護、日常生活上の世話、機能訓練、健康管理、療養上の世話などが受けられます。

なお、地域密着型介護老人福祉施設はそれだけの単独の建物ではなく、他の地域密着型サービスの施設に併設されたり、公営住宅などの一部や一区画に設置されているところもあります。

1 居宅介護支援

▶ ケアプランで適切な介護サービス利用可能

居宅介護支援とは

居宅介護支援とは、可能な限り自宅で日常生活を送れるよう、ケアマネジャーが利用者の心身状況や置かれた環境に応じた介護サービスを利用できるケアプランを作成し、そのプランに基づき適切なサービスが受けられるよう、事業者や関係機関との連絡・調整を行うサービスです。

利用できるのは要介護１以上の認定者で、自己負担はありません。

ケアプラン（居宅サービス計画書）の作成

ケアプランについては第１章⑨でも述べましたが、ここでは**ケアプラン作成の手順**に触れてみます。まず、要介護者本人や家族はこういう生活を送りたいという希望をケアマネジャーに伝えます。それを受けケアマネジャーは、達成するにはどういう問題点があり、どういう介護が必要かを明確にします。例えば、運動が好きなので体を動かす機会を増やしたいとか、人と話すのが好きなのでそれが可能な場所に通いたいなどの希望に合わせ、目標を立てます。次は目標達成のためにデイサービスを週２回、訪問介護を週３回１時間ずつ利用するなどの計画を立て、本人・家族の同意を得てケアプランが完成します。サービス利用後は経過を観察し、その計画が適切か否か、必要であればケアプランの修正も行います。ケアプランは定期的に見直されます。

ケアマネジャーのアドバイスを受け、ケアプランをうまく活用することで、要介護者、家族は負担や不安を低減して生活することができます。

1 介護予防サービス

▶ 要支援者が利用可能な介護予防サービス

介護予防サービスとは

介護予防サービスとは、高齢者が住み慣れた地域環境で、できる限り自立した日常生活を継続できるように支援するサービスです。要介護状態になるのを未然に防ぐことを目的としているため、サービスを利用できる人は要介護度の低い要支援１、２の高齢者と、生活機能の低下がみられる65歳以上の高齢者です。

予防給付を受けられる介護予防サービス

要支援１、２の認定を受けた要支援者が、介護保険制度を利用して予防給付を受けられる介護予防サービスは３種類あります。都道府県などが指定・監督を行う**介護予防サービス**と、市町村が指定・監督を行う**地域密着型介護予防サービス**、**介護予防支援**です。介護予防サービスの詳細は次ページのとおりです。

要支援者の訪問介護と通所介護は総合事業へ移行

要支援者の訪問介護と通所介護は、全国一律のサービスである予防給付から**介護予防・日常生活支援総合事業（総合事業）**に移行されました。総合事業は、各市町村が主体となって行う地域支援事業のため、市町村の財政や方針により、サービスの運営基準や利用料が異なります。

介護予防サービスの内容

【訪問サービス】

・介護予防訪問入浴介護

・介護予防訪問看護

・介護予防訪問リハビリテーション

・介護予防居宅療養管理指導

【通所サービス】

・介護予防通所リハビリテーション

【短期入所サービス】

・介護予防短期入所生活介護（ショートステイ）

・介護予防短期入所療養介護

【その他】

・介護予防特定施設入居者生活介護

・介護予防福祉用具貸与

・特定介護予防福祉用具販売

・住宅改修

介護予防・日常生活支援総合事業（総合事業）

介護予防・日常生活支援総合事業（総合事業）とは

介護予防・日常生活支援総合事業（総合事業）は2015年の介護保険法改正により創設され、**介護予防・生活支援サービス事業**と**一般介護予防事業**に分かれています。介護予防・生活支援サービス事業の中に、要支援者が利用する訪問介護や通所介護（デイサービス）があります。

総合事業は保険者である市町村の裁量によるため、居住地ごとに受けられるサービスの量や質が異なり、全国一様ではありません。各自治体は介護事業者のみならず民間企業、NPO、ボランティアなど、地域の多様な主体を活用し、高齢者を支えていく形を取っています。

なお、総合事業のサービスは、65歳以上すべての人が利用できます。

総合事業の生活支援

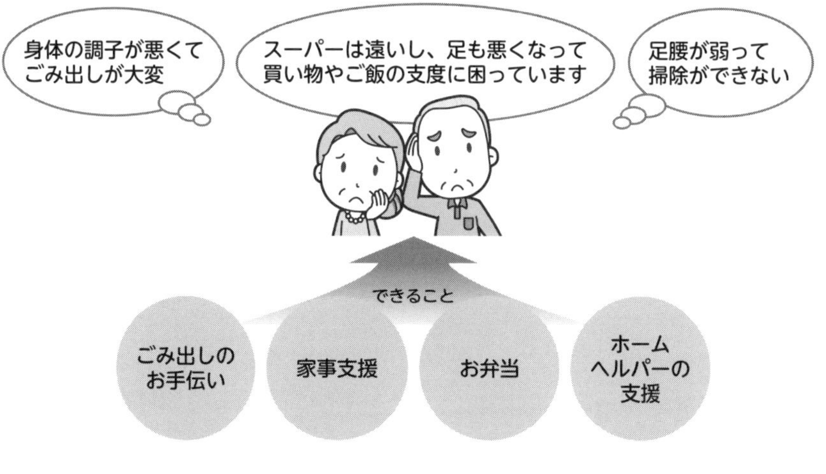

身体の調子が悪くて ごみ出しが大変

スーパーは遠いし、足も悪くなって 買い物やご飯の支度に困っています

足腰が弱って 掃除ができない

できること

ごみ出しのお手伝い

家事支援

お弁当

ホームヘルパーの支援

地域密着型介護予防サービス

▶ 要支援者が地元で受ける介護予防サービス

地域密着型介護予防サービスとは

地域密着型介護予防サービスとは、要支援１、要支援２の人が住み慣れた地域を離れずに生活を続けられるように、地域の特性に応じた柔軟な体制で提供されるサービスをいいます。

地域密着型介護予防サービス事業者の指定は市町村です。実際は要介護者が利用する地域密着型介護サービスを要支援者も利用する形で、受けられるサービスの内容自体は、要介護１以上の人と基本的に変わりません。しかし、市町村により利用できる時間帯が要介護者より短くなるなど異なる場合もありますので、ケアマネジャーなどにご確認ください。

地域密着型介護予防サービスの種類

地域密着型介護予防サービスには、

・介護予防認知症対応型通所介護
・介護予防小規模多機能型居宅介護
・介護予防認知症対応型共同生活介護（グループホーム）

があります。

グループホームへの入居要件には要支援２以上という規定があり、要支援１の人は入居できません。介護予防認知症対応型通所介護と介護予防小規模多機能型居宅介護においては、その事業者が介護予防サービスの指定を受けているところであれば利用可能です。実際はケアマネジャーに利用可能なサービスを提案してもらいます。

1 介護予防支援

▶ 要支援者の介護予防は地域包括が行う

介護予防支援とは

介護予防支援とは、要支援１、２の認定を受けた人が、介護予防のためのサービスを適切に利用できるようにケアプランの作成や、サービス事業者との連絡・調整を行うことです。要介護認定で要支援の認定を受けた場合は、**地域包括支援センター**に連絡を取ります。

介護予防支援のキーは地域包括支援センター

要支援１、２の人が利用できる介護予防サービスは、全国一律ではありません。ケアマネジャーは利用者の身体状況や生活環境を確認し、介護に対する本人や家族の意向を聞き、その市町村で使える介護予防サービスの中から必要なサービスを選んで、適切なケアプランを立てます。要支援１、２の人のケアプランを担当するのは、原則として地域包括支援センターのケアマネジャー、社会福祉士、保健師ですが、民間の居宅介護支援事業者に委託される場合もあります。

介護サービスの利用の手続き

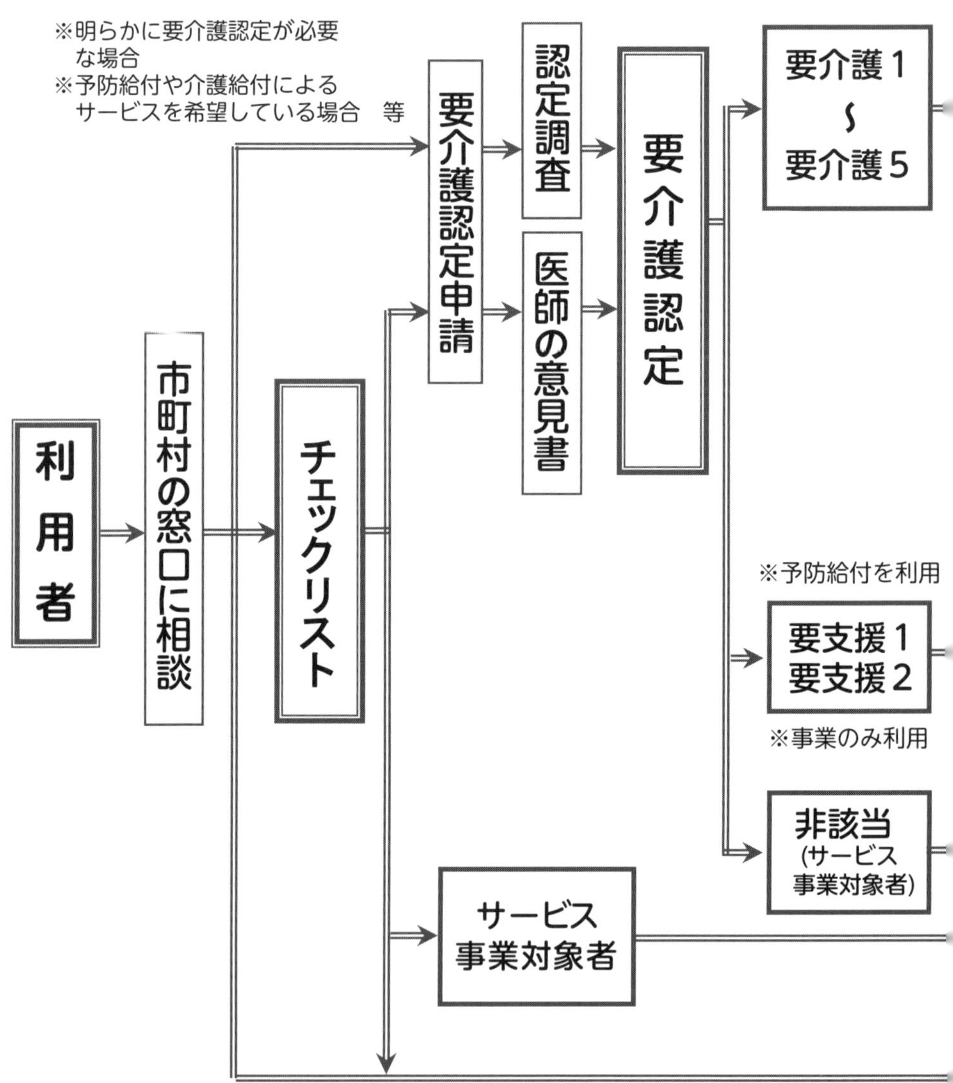

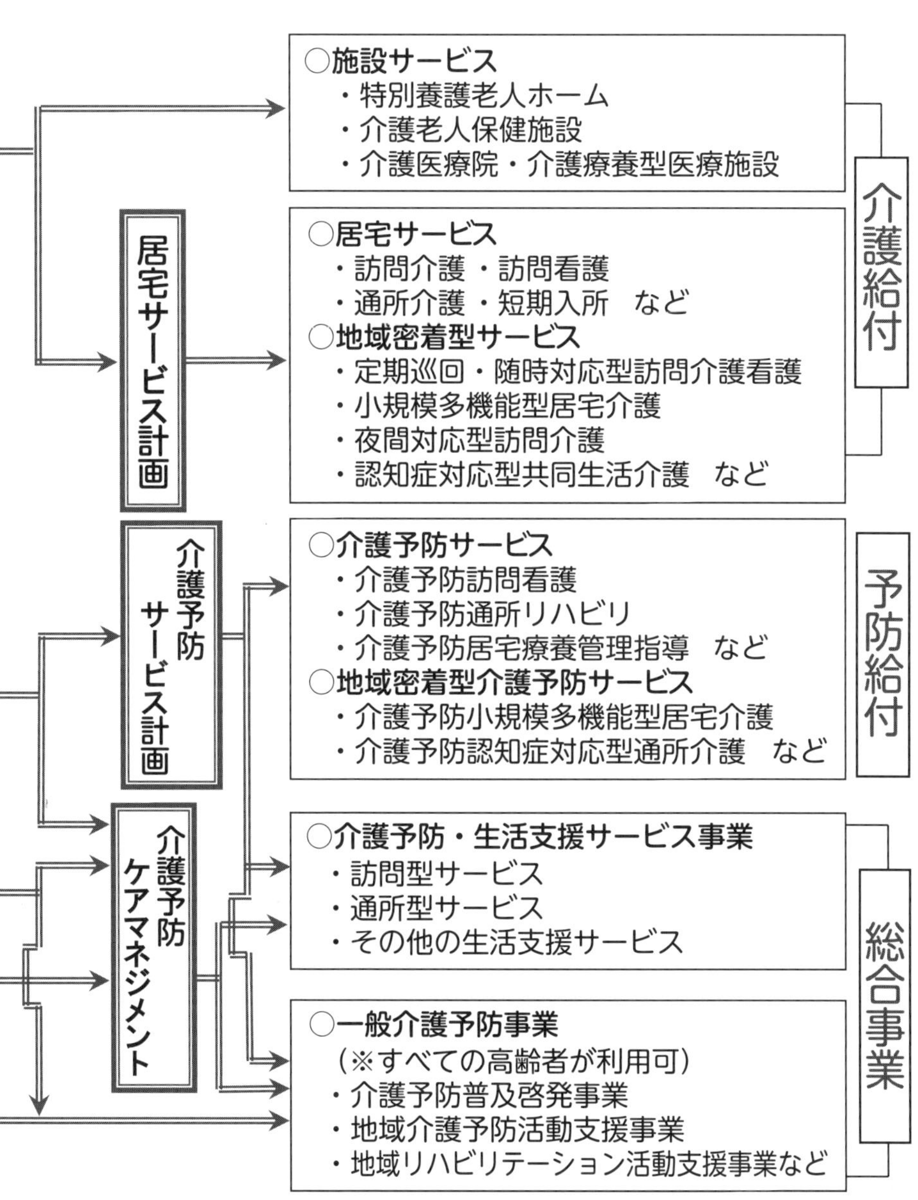

「公的介護保険制度の現状と今後の役割」平成 30 年度 厚生労働省老健局総務課

介護保険総費用等における提供サービスの内訳（平成29年度）割合

サービス種類別費用額割合

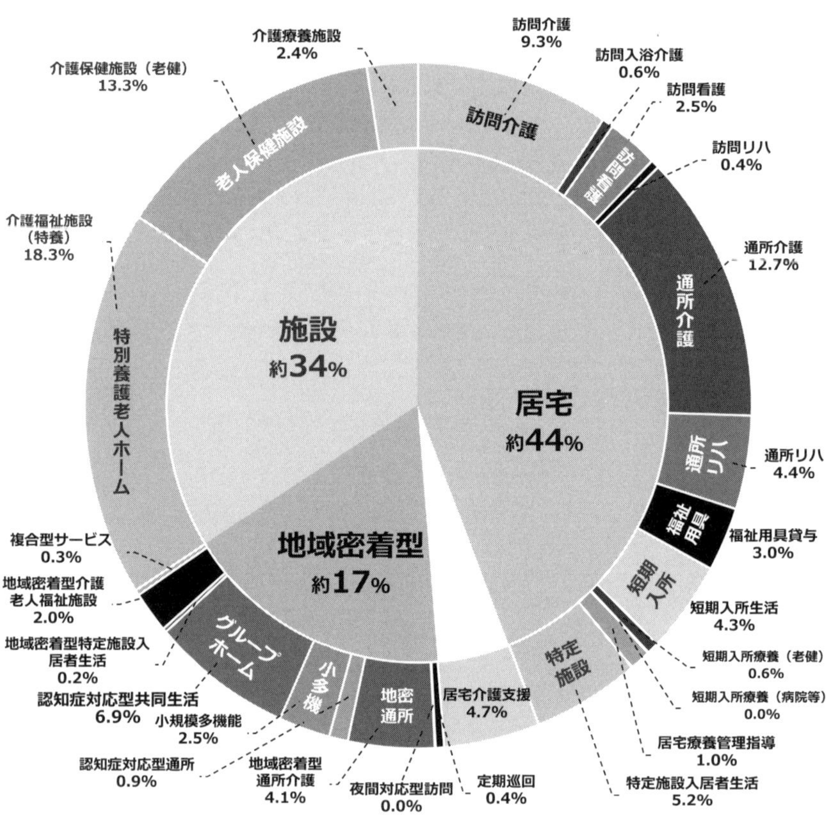

【出典】厚生労働省「平成29年度介護給付費等実態調査」
（注１）介護予防サービスを含まない。
（注２）特定入所者介護サービス（補足給付）、地域支援事業に係る費用は含まない。また、市区町村が直接支払う費用（福祉用具購入費、住宅改修費など）は含まない。
（注３）介護費は、平成29年度（平成29年５月～平成30年４月審査分（平成29年４月～平成30年３月サービス提供分）。

「介護保険制度をめぐる状況について」平成31年2月25日　厚生労働省老健局

第3章

施設介護

住宅系の住まいと施設系の住まい・公的な住まいと民間の住まい

▶ 住宅系と施設系、公的と民間に大別

高齢期の住まいは、住宅系と施設系に分かれる

高齢者の住まいは多岐にわたっていますが、介護は外部サービス利用の住宅系の住まいと、介護が付いている施設系の住まいに分けられます。

なお、税金などで建てられた公的なものと民間のものがあります。

住宅系の住まい

住宅系の住まいは、介護が必要になれば、自宅にいたときと同じように、ケアマネジャーにケアプランを組んでもらい、訪問介護、デイサービス、訪問看護、福祉用具のレンタルなど、必要なサービスを自由に選択して使います。月額費用として管理運営費がかかりますが、高齢者住宅ごとにサービス内容や料金は異なります。高齢者に好評なのは、栄養バランスや摂取量が計算された食事サービスです。また、緊急時の対応付きなので自宅より安心感が高く、メリハリの利いた生活ができます。

施設系の住まい

施設系の住まいの特徴は「介護付き」であることです。特定施設入居者生活介護の指定を受けた施設系の住まいでは、必要な介護サービスを、その施設の職員から24時間いつでも受けられます。しかも、介護サービス費用は要介護度に応じた定額のため、安心して介護を受けて生活できます。施設系の住まいでは、近年、看取り可能なところが増えています。

在宅介護・施設介護　メリット・デメリット

	メリット	デメリット
在宅介護	住み慣れた自宅で暮らせる 費用が安く済む 環境を変えずに済む リラックスして自分らしい生活が送れる デイサービス、ショートステイなど選択が自由 近隣の知り合いとの人間関係の継続が可能	家族の負担が大きい 緊急時の対応が不安 プロのような行き届いた介護はできない 自宅に引きこもりがち 寝たきりになる確率が高い 家族は仕事と介護の両立が必要
施設介護	家族の負担は少ない いつでも必要なときに介護を受けられる 緊急時の対応が可能で安心 イベントが頻繁で気晴らしができる 同じ年代の人が多く、孤独感がない 寝たきりになる可能性は低い 要介護者向け仕様で動きやすい	費用が高額なところもある 集団生活なので自由度が低い 施設内の人間関係が気になる 家族と離れた淋しさ 入所し続けるには条件もある プライバシーがない

高齢者住宅・施設の種類

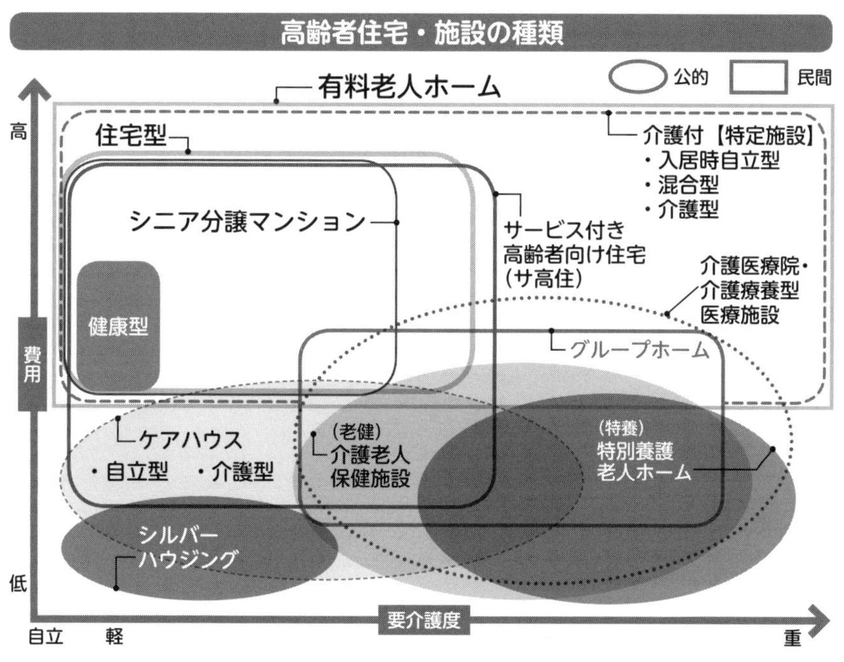

公的・民間の住居例

種類		民間							公的		
		介護付有料老人ホーム		住宅型有料老人ホーム	グループホーム	サービス付き高齢者向け住宅	ケアハウス		介護保険3施設		
		入居時自立型	介護型・混合型				自立型	介護型	特別養護老人ホーム	介護老人保健施設	介護医療院・介護療養型医療施設
身体状況	自立	○	○	○	×	○	○	×	×	×	×
	要支援	×	○	○	要支援2～	○	(△)	(△)	×	×	×
	要介護	×	○	○	○	○	×	○	要介護3～	○	○
付帯するサービス	食事	○	○	○	○	△	○	○	○	○	○
	緊急時対応	○	○	○	○	○	○	○	○	○	○
	介護	○	○	×	○	×	×	○	○	○	○
	看護	△	△	△	×	△	×	×	△	○	○
	医療	△	△	△	×	×	×	×	×	△	○
入居時の費用		数百万～数億円	0～数千万円	数百万～数千万円	0～数十万円	0～数千万円	0～数千万円		0円		
月額費用（介護費用は除く）		10～100万円			10～20万円	10～25万円	8～20万円		5～15万円	5～16万円	5～16万円
居室面積		13㎡～			7.43㎡～	25㎡～（18㎡～）	21.6㎡～（単身） 31.9㎡～（夫婦）		10.65㎡～	8㎡～ ただしユニット型は10.65㎡～	8㎡～ 6.4㎡～
事業主体		民間企業、社会福祉法人、医療法人など			民間企業など	民間企業、社会福祉法人、医療法人など	地方自治体、社会福祉法人	知事の許可を受けた法人	地方自治体、社会福祉法人	地方自治体、社会福祉法人、医療法人	医療法人
根拠法（高齢者関連）		老人福祉法				高齢者住まい法	老人福祉法 介護保険法		老人福祉法 介護保険法	介護保険法 医療法	
特記事項		終のすみかになる		介護は外部サービス利用	認知症の人が共同生活	安否確認生活相談サービス有	低所得の自立者が安く生活可	低所得の軽介護者が安く生活	重介護者が終のすみかにできる	住宅復帰をめざし3カ月リハビリ	病院の介護ベッド。介護医療院に転換

高齢者向け住まい・施設の利用者数

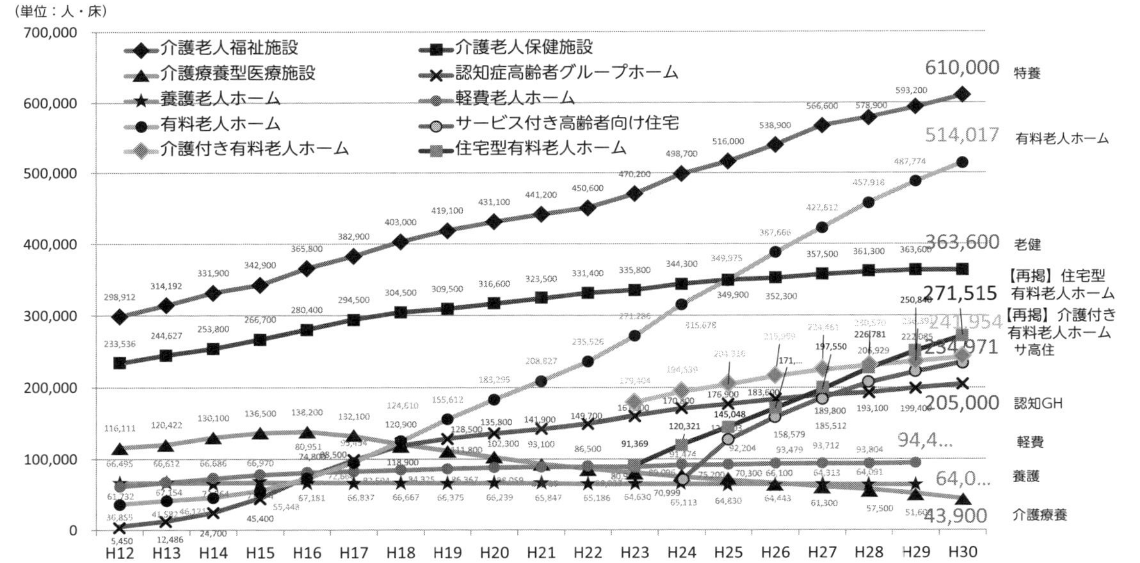

※1：介護保険３施設および認知症高齢者グループホームは、「介護サービス施設・事業所調査(10/1時点)【H12・H13】」、「介護給付費等実態調査(10月審査分)【H14～H29】」および「介護給付費等実態統計(10月審査分)【H30～】」による。
※2：介護老人福祉施設は、介護福祉施設サービスと地域密着型介護老人福祉施設入所者生活介護を合算したもの。
※3：認知症高齢者グループホームは、H12～H16は痴呆対応型共同生活介護、H17～は認知症対応型共同生活介護により表示。(短期利用を除く)
※4：養護老人ホーム・軽費老人ホームは、「社会福祉施設等調査(10/1時点)」による。ただし、H21～H23は調査票の回収率から算出した推計値であり、H24～H29は基本票の数値。(利用者数ではなく定員数)
※5：有料老人ホームは、厚生労働省老健局の調査結果による。(利用者数ではなく定員数)
※6：サービス付き高齢者向け住宅は、「サービス付き高齢者向け住宅情報提供システム(9/30時点)」による。(利用者数ではなく登録戸数)

「論点ごとの議論の状況（参考資料）」厚生労働省老健局社会保障審議会介護保険部会（第87回）令和元年12月5日

高齢期のすまい診断

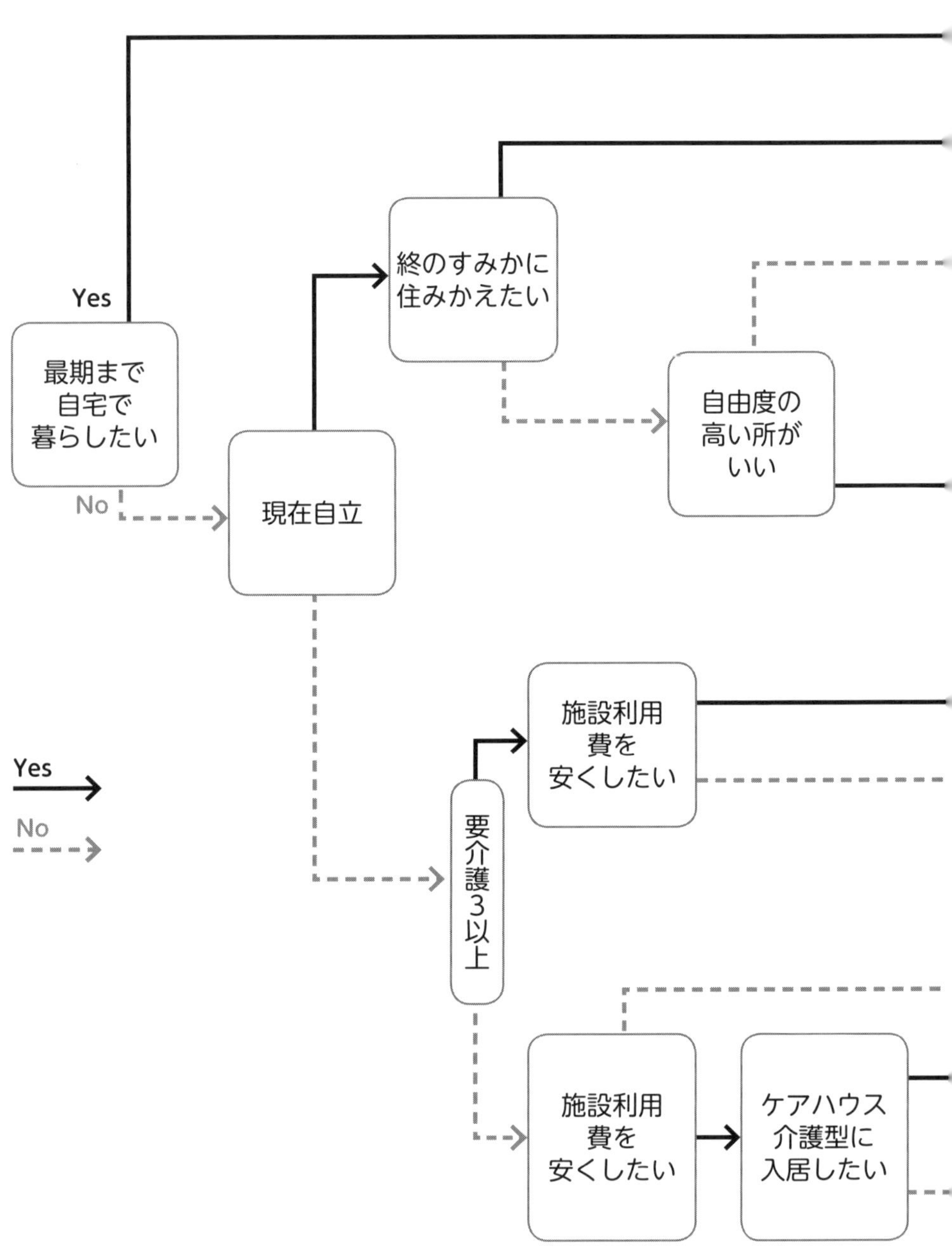

Yes
最期まで
自宅で
暮らしたい
No
現在自立
終のすみかに
住みかえたい
自由度の
高い所が
いい
施設利用
費を
安くしたい
要介護3以上
施設利用
費を
安くしたい
ケアハウス
介護型に
入居したい
Yes
No

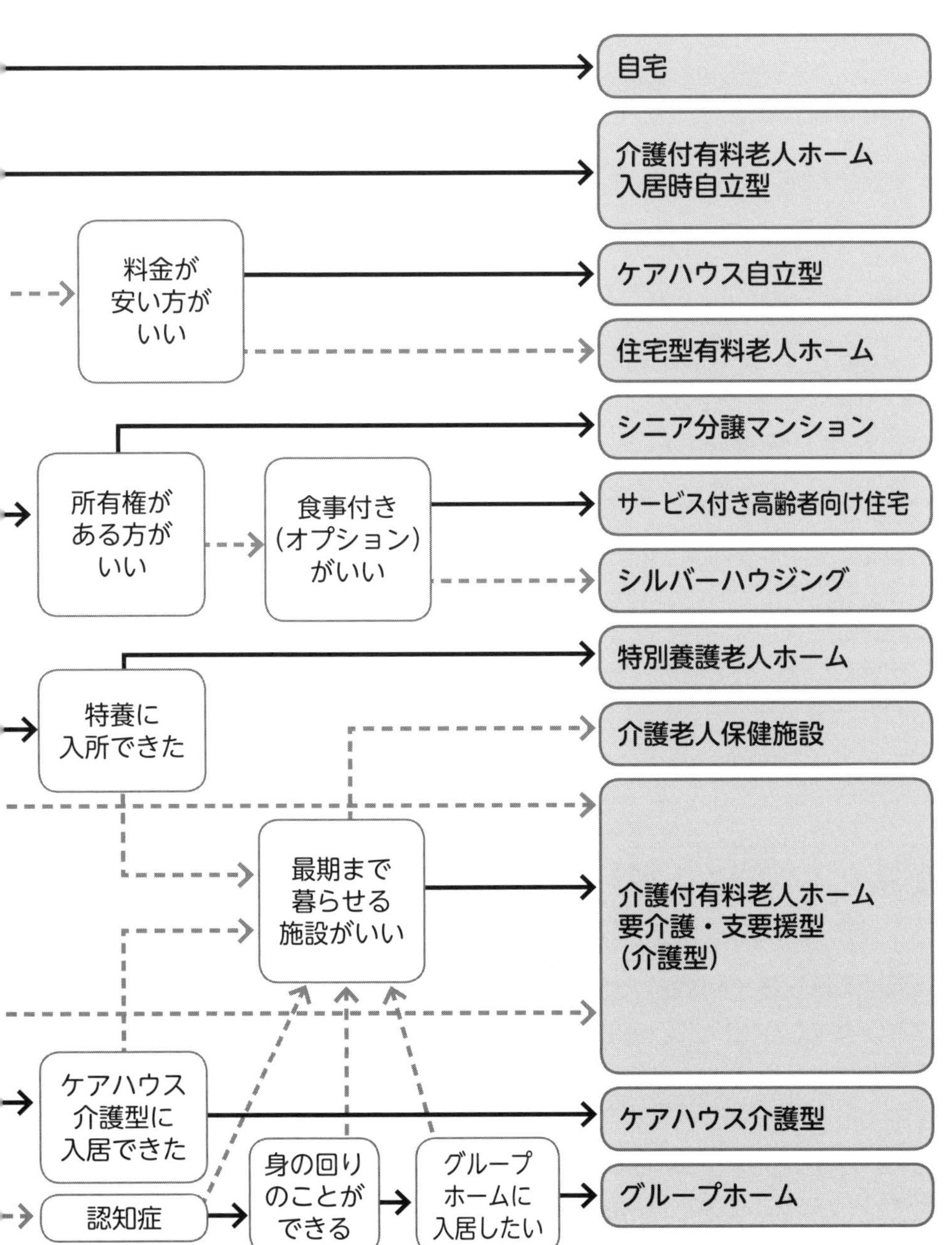
自宅
介護付有料老人ホーム
入居時自立型
料金が
安い方が
いい
ケアハウス自立型
住宅型有料老人ホーム
シニア分譲マンション
所有権が
ある方が
いい
食事付き
(オプション)
がいい
サービス付き高齢者向け住宅
シルバーハウジング
特別養護老人ホーム
特養に
入所できた
介護老人保健施設
最期まで
暮らせる
施設がいい
介護付有料老人ホーム
要介護・支要援型
(介護型)
ケアハウス
介護型に
入居できた
ケアハウス介護型
認知症
身の回り
のことが
できる
グループ
ホームに
入居したい
グループホーム

ケアハウス（軽費老人ホームの一種）

▶ 自立の人が入居する一般型が多い

公的施設で、所得に応じて月額費用が異なる

60歳以上で、身体機能低下などにより自立して日常生活を送ることに不安がある身寄りのない人、家庭の事情で家族との同居が困難な人が入居するのが「**軽費老人ホーム**」です。軽費老人ホームには、食事付きの**A型**、食事なしの**B型**、食事付きで生活支援サービスも付いた**ケアハウス**があります。居室面積は単身では21.6㎡以上、夫婦では31.9㎡以上です。居室にはベッド、ミニキッチン、エアコン、緊急通報システムなどが設置され、共同設備として食堂、浴室、談話室などがあります。

ケアハウスは公的施設で、民間の有料老人ホームと比較すると利用料金が安く設定されています。所得の低い人は助成制度を活用することができる点は、公的施設ならではのメリットです。

ケアハウスの介護型は、待機者が多いところもある

ケアハウスの約４分の３に当たるのが、身の回りのことができる人が入居する**自立型（一般型）ケアハウス**です。自立型ケアハウスは、要介護度が重くなったり、医療措置が必要になると退去することになります。**介護型ケアハウス**は「特定施設入居者生活介護」の指定を受けた施設で、３：１以上の介護サービスを受けられます。要介護１以上で入居できるため、待機者が多いところもあります。施設により、対応可能な要介護度、医療施設との連携の充実度、看取り対応の有無などが異なります。また、入居費用が必要な施設もあるため、確認が必要です。

都市型軽費老人ホーム

・平成22年度より軽費老人ホームの一種として、「都市型軽費老人ホーム」が建てられている自治体もある
・居室面積は7.43㎡（ただし、10.65㎡以上が望ましい）
・利用定員は5～20人
・入居できるのは居住地に住民票登録が1年以上ある人
・独立して生活するには不安のある60歳以上の人
・設置できる場所は既成市街地等（首都圏、近畿圏、中部圏にある一定の区域）に限られている
＊＊＊狭め、小規模、地域居住者限定＊＊＊

ケアハウスのメリット・デメリット

◆メリット
・費用が安い
・公的施設のため、低所得者は軽減を受け、さらに安く暮らせる
・軽介護者にはリーズナブルで快適な住まいである
・介護型ケアハウスには要介護度が上がっても住み続けられるところが多い
・夫婦部屋もある
◆デメリット
・特に介護型ケアハウスは人気があるため、待機期間が長期にわたることもある
・ケアハウス入居状況は地域差が大きい
・ケアハウスと一言で言っても、施設ごとの差が大きい
・重介護になると住み続けられないところもある
・常時医療が必要になると住み替えが必要となる

※A型・B型は新設されることはなく、老朽化した建物が多くなっています。
今後はケアハウスと一部地域の都市型軽費老人ホームになっていきます。

3 サービス付き高齢者向け住宅

▶ 介護は外付けのバリアフリー賃貸住宅

サービス付き高齢者向け住宅とは？

サービス付き高齢者向け住宅（「サ高住」、「サ付き」、「サ付き住」と略される。以降「**サ高住**」）とは、60歳以上のシニア層が暮らすバリアフリーの賃貸住宅です。安否確認と生活相談サービスは必ず付いています。掃除、洗濯、介護サービスなどの有無はサ高住ごとに異なります。食事サービスはオプションですが、ほとんどのサ高住で利用できます。

住宅基準は原則25㎡以上、敷金２カ月程度で、自由度が高い

サ高住の居室面積の基準は原則25㎡以上ですが、共有のリビング、食堂、キッチンがあれば18㎡以上でも登録可能です。実際は25㎡以下のところが多く、要介護認定を受けている人がたくさん入居しています。費用は入居時に敷金２カ月分程度必要なところが多く、月額費用は管理費を含め10～25万円程度です。有料老人ホームほど高額ではなく自由度が高いことから、近年急増しています。

重介護や認知症の進行で、住み替えるケースもある

要介護の入居者の場合は、必要な介護サービスを選択し契約しますが、重介護になると、介護費用が高額になるケースがあります。また、認知症が進行すると退去しなければならない場合もあります。どの程度まで住み続けることができるのか、提携先はあるのかなど、確認が必要です。

サ高住は2020年８月時点で約25.8万戸です。都道府県別にみると、大阪府、北海道に多く、埼玉県、兵庫県、東京都、神奈川県、千葉県、愛知県、広島県、福岡県などが続いています（サービス付き高齢者向け住宅情報提供システムより）。

実際に運営を行っているのは株式会社・有限会社、医療法人、社会福祉法人などです。

サ高住のメリット・デメリット

◆メリット
- 安否確認、生活相談サービスが付いている
- バリアフリー構造で暮らしやすい
- 賃貸借契約なので、入居者の権利が守られている
- 敷金２カ月分程度で入居できるため、入りやすい
- 生活の自由度が高い

◆デメリット
- 要介護度が高いと入居できないことがある
- 介護は外部サービス利用なので、別途契約が必要
- 重介護になると、住み替えが必要になることがある
- 医師や看護師が常駐していない
- 様々なサービスが別建てで、月額費用がわかりにくい
- 食費、水道光熱費は別途必要

高齢者生活支援サービスの提供状況

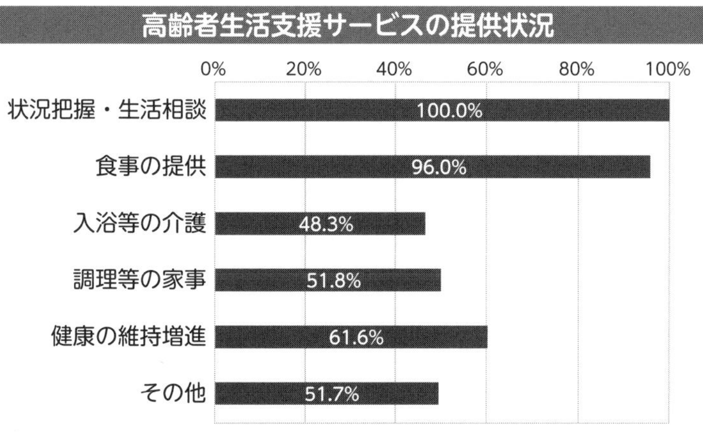

注）状況把握＝安否確認＝見守り
「サービス付き高齢者向け住宅に関する現状」（平成31年３月８日）国土交通省住宅局安心居住推進課

住宅型有料老人ホーム

▶ 介護は外部サービス利用が基本

住宅型有料老人ホームとは

住宅型有料老人ホームは、比較的自立度の高い人を対象にした有料老人ホームで、食事サービスと緊急時対応などの日常生活サポートがついています。介護は入居しただけでは受けられず、訪問介護やデイサービスなど必要なサービスを契約して使う外部サービス利用型の施設です。

費用は安いところから高額なところまで幅広い

住宅型有料老人ホームの費用は施設ごとに異なります。前払金ナシで月額費用が10万円程度の低廉な施設から、前払金1億円超という施設もあります。居室面積だけでなく、共有施設の充実度や標準装備のサービスなども確認し、予算と希望に合致する施設を探します。

受けられる介護に関しては、施設ごとに内容の確認が必要

住宅型有料老人ホームは、上述のように外部サービス利用型ですが、近年、施設内に訪問介護事業所やデイサービスを併設し、介護付有料老人ホームと同程度の介護サービスを受けられる施設も増えています。そのため、比較的軽介護の人は自由度も高く、自宅に近い快適な生活を送れます。しかし、重介護になると介護費用の負担が増し、特養や介護付有料老人ホームへ住み替える人もいます。中には、介護付有料老人ホーム介護型が併設されていて、追加金なしで住み替え可能な施設もあります。

有料老人ホームの概要

・根拠法は老人福祉法
・主に利用権方式
・近年、月払い方式が増加
・前払金ナシが約４割
・居室面積は13㎡以上（13 ～ 20㎡位が多い）
・看護師の体制は施設ごとに異なる
・費用は、前払金ナシ～数億円。月額費用は家賃を含むか否かで異なるが、10万円～ 100万円超と幅が広い（第７章⑤参照）
・各施設の詳細は「重要事項説明書」と「パンフレット」「ホームページ」等で確認

有料老人ホームの概況（平成 25 年度）

介護付 有料老人ホーム	住宅型 有料老人ホーム	健康型 有料老人ホーム
・介護等のサービスが付いた高齢者向けの居住施設 ・介護等が必要となっても、ホームが提供する介護サービスである「特定施設入居者生活介護」を利用しながら、ホームでの生活を継続することが可能	・生活支援等のサービスが付いた高齢者向けの居住施設※ ・介護が必要となった場合、入居者自身の選択により、地域の訪問介護等の介護サービスを利用しながら、ホームでの生活を継続することが可能	・食事等のサービスが付いた高齢者向けの居住施設 ・介護が必要となった場合には、契約を解除し退去しなければならない

※なお、近年、住宅型有料老人ホームが独自に行う介護も「介護サービス」と呼称できるようになりました。

平成25年度老人保健健康増進等事業「有料老人ホーム・サービス付き高齢者向け住宅に関する実態調査研究」
厚生労働省HP

5 介護付有料老人ホーム

介護付有料老人ホームとは

有料老人ホームには、**介護付**、**住宅型**、**健康型**と３タイプあります。この中で「**特定施設入居者生活介護**」の指定を受けている施設が**介護付有料老人ホーム**です。一部に外部サービス利用型もありますが、ほとんどはその施設の職員から24時間365日いつでも介護を受けられる、一般型特定施設入居者生活介護の指定を受けている施設です。そのため、最期の看取りまで可能な、「終のすみか」となる施設の代表といえます。介護費用は要介護度別に定額なので、資金計画が立てやすいのが特徴です。特に、要介護度が重度になったときには心強い施設です。

介護付有料老人ホームでの生活

有料老人ホームは３タイプとも利用権方式で、居室や施設内の共有施設を自由に使うことができます。アクティビティといって、脳トレ、体操、ゲーム、歌、クラフト、また季節に応じたイベントが行われ、生活に変化と楽しみを持って暮らせるように運営されています。

介護付有料老人ホームの種類

介護付有料老人ホームは、入居するときの身体状況により、入居時自立型、混合型、介護型の３タイプに分けられます。介護付とはいえ、入居するときは自立の人だけが入る「入居時自立型」（後述⑬を参照）、自立の人、要支援・要介護の認定を受けた人も入居可能な「混合型」、要介護・要支援の認定を受けた人が入る「介護型」（中には要介護認定者に限定の「入居時要介護型」もあり）があります。設置には都道府県知事への届出が必要です。

有料老人ホームの種類

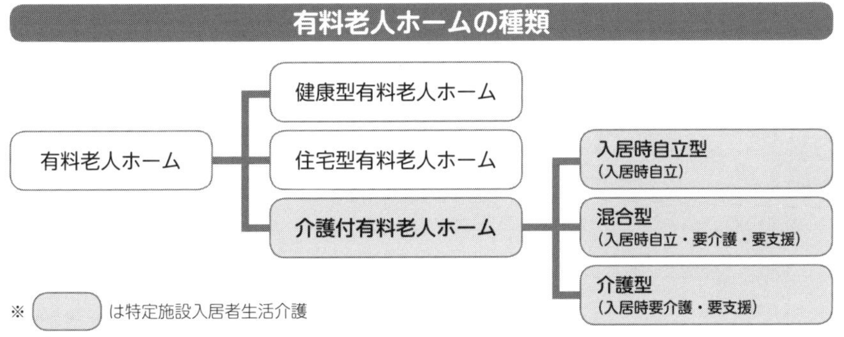

※健康型有料老人ホームは自立時に入居し、要介護になると退去となる有料老人ホームで、数が少ない。本書では取り上げていません。

介護付有料老人ホーム（介護型）の１日の生活の流れ（例）

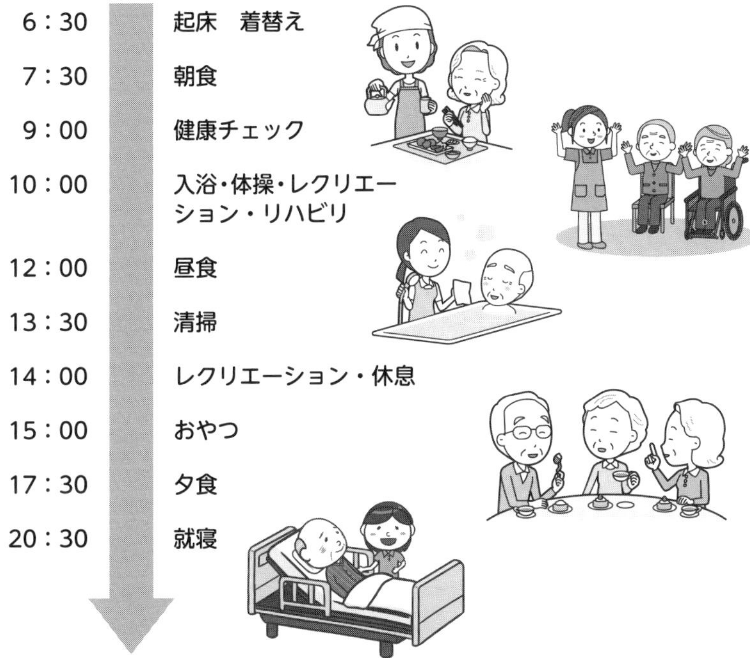

第3章 施設介護

6 シルバーハウジング

▶ LSAによるお世話付き賃貸住宅

シルバーハウジングとは

シルバーハウジングは、一人暮らしや高齢者夫婦のための公営のバリアフリー賃貸住宅です。1棟すべてが高齢者向けに建てられたところもありますが、多くは都営・県営・市営住宅の空室をバリアフリー改修しているため、安価で生活できます。申込みは60歳以上（都道府県によっては65歳以上）の自立者です。持ち家のある人や公営住宅に住んでいる人は申し込めません。また、住民税を滞納していないことが要件の一つです。障がいのある人とその家族も申し込むことができます。

生活相談・緊急時対応などのサービスを受けられる

シルバーハウジングでは、**ライフサポートアドバイザー（LSA）**という生活援助員が緊急時対応と生活支援を行うことから「高齢者世話付き住宅」といわれています。その内容は、情報提供、安否確認、生活指導、健康管理、一時的な家事援助、緊急時の家族や医療への連絡、関係部署への連絡などです。

シルバーハウジングは自治体が運営。全国一律ではない

シルバーハウジングの実際の事業は都道府県、市町村が推進しています。そのため、地域によって名称が異なる場合があります。東京都では「シルバーピア」、神戸市では「シルバーハイツ」、相模原市では「あじさ

い住宅」といい、LSAを東京都では「ワーデン」と呼んでいます。

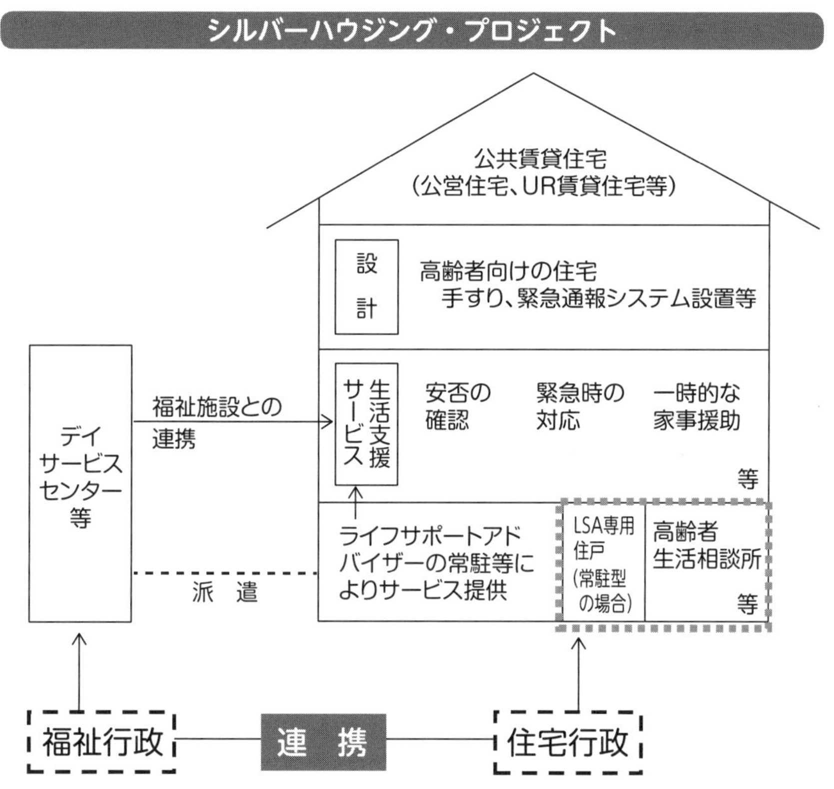

国土交通省近畿地方整備局 HP

シニア分譲マンション

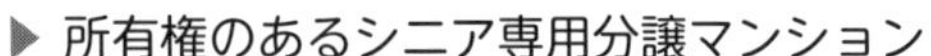
▶ 所有権のあるシニア専用分譲マンション

シニア分譲マンションとは

シニア分譲マンションとは、高齢者の生活に配慮した所有権のあるシニア専用の分譲マンションです。フロントにはコンシェルジュがいて、レストラン、シアタールーム、フィットネスルーム、カラオケルーム、リビング、大浴場などがあります。入居要件は身の回りのことができる自立の人で、「50歳以上」「55歳以上」「60歳以上」などと、年齢要件がそれぞれ決められています。販売価格は数千万円程度です。

シニア分譲マンションで自分らしく暮らす

シニア分譲マンションは建物内でシニアライフを謳歌できるように整備され、アクティビティやクラブ活動に力を入れているところもあります。近年、医療ニーズの高まりから、高齢者の暮らしをサポートするために看護師や介護スタッフが常駐し、日々の健康管理やフロントサービス、緊急時対応が行われているところもあります。また、建物内にテナントとして訪問介護事業所やクリニック、調剤薬局などを設置しているところも増えています。医療対応のあるシニア分譲マンションは人気があります。

介護が必要になれば、訪問介護やデイサービスを利用します。しかし、重介護になったり、常時医療が必要になると、売却して住み替えるケースも出てきます。所有権があり財産になりますが、売却まで視野に入れて検討する必要があります。立地や生活環境が良いか、売却しやすいか、介護施設への住み替えサポートがあるかなども選択のポイントです。

シニア分譲マンションのメリット・デメリット

◆メリット
・所有権がある
・子どもに相続で残すことができる
・居室のグレードが高い
・建物内の設備が充実している
・生活サポートをしてくれるコンシェルジュがいて利便性が高い
・クリニックがあるところは安心
◆デメリット
・購入費用が高額
・コスト（管理費・修繕費・固定資産税）がかかる
・重介護になると住み替えが必要
・すぐに売却できるかわからない
・売却までの期間もコストがかかる
・子どもに相続しても、子どもが住み替えるまでの期間もコストがかかる

8 重要事項説明書

▶ 施設のプロフィールであり情報の宝庫

重要事項説明書とは

重要事項説明書は有料老人ホームなど高齢者施設の概要がわかるプロフィールのようなものです。事業主体や施設の設備、サービス内容、設立年月日、定員、入居者の年齢層、職員体制、入居に必要な金額、月額費用、提携医療機関、退去要件などが記載されています。有料老人ホームは重要事項説明書を作成し、書面によって交付し、入居契約前に口頭で説明し、双方の署名・捺印が義務付けられています。重要事項説明書は都道府県ごとに管理されており、フォームは異なりますが、記載項目は同じです。

重要事項説明書を読みこなそう！

重要事項説明書は基本情報の宝庫です。慣れないうちは読みにくいかもしれませんが、複数の施設の重要事項説明書を見ていくうちにポイントをつかめるようになります。特に入居・退去に関する事項、介護体制、費用は必ず確認しましょう。

重要事項説明書は、電話やメールで自宅に郵送してもらったり、見学時に印刷物を手渡しでもらえる施設もあります。また、インターネットでも「有料老人ホーム重要事項説明書」のPDFファイルを閲覧できます。例えば東京都の場合は、東京都福祉保健局のサイトから見ることができます。　東京都福祉保健局　東京都有料老人ホーム重要事項説明書一覧

https://www.fukushihoken.metro.tokyo.lg.jp/kourei/shisetu/yuuryou/jyuuyoujikou/index.html

有料老人ホーム重要事項説明書　記載内容

項目	内容
事業主体の概要	名称、所在地、連絡先、代表者名、設立年月日、実施する他のサービスなど
施設の概要	施設の類型、介護保険事業者番号など
従業者に関する事項	従業者の人数、勤務形態、経験年数など
サービスの内容	運営方針、介護サービスの内容、協力医療機関名、要介護時における居室の住み替えに関する事項、入居要件、入居者の状況、施設設備の状況、利用者からの苦情対応窓口など
利用料金	支払い方式、前払金の取り扱い、前払金の算定根拠、償却、返還金、月額費用、介護保険サービスの自己負担額、料金プランの一例など
その他	添付資料として、介護サービスなどの一覧表など
署名	説明年月日、署名・捺印、説明者の職名、署名・捺印

有料老人ホーム標準入居契約書（例）

有料老人ホーム標準入居契約書　本文

表題部記載の契約当事者である「入居者」と「事業者」は、両者の間において、以下の条項に基づく標記契約（以下「本契約」という。）を締結します。
この証として、当事者は本契約書２通を作成し、記名捺印の上、各自その１通を保有します。

（１）契約の開始年月日

契約締結日	平成　年　月　日
入居予定日	平成　年　月　日

（２）契約当事者の表示

入居者名	入居者１　氏名：　印 （男・女）（明治・大正・昭和　年　月　日生まれ） 入居者２　氏名：　印 （男・女）（明治・大正・昭和　年　月　日生まれ）
目的施設設置事業者名	（以下「事業者」という） 法人名・代表者名：　印 住　所：

（３）上記（２）「契約当事者」以外の関係者の表示

身元引受人 （本契約第　条に定める）	入居者１の身元引受人： 氏　名：　印 住　所： 入居者２の身元引受人： 氏　名：　印 住　所：

（４）目的施設（表題部記載の契約締結日現在）

施設名称	○○○○○○○○○○○○○
施設の類型及び表示事項	住宅型有料老人ホーム 居住の権利形態：利用権方式 利用料の支払い方式：月払い方式 入居時の要件：入居時自立・要支援・要介護 介護保険　：在宅サービス利用可 居室区分　：全室個室
介護保険の指定居宅サービスの指定	○○県○○○号（平成○年○月○日指定）居宅介護支援事業者
開設年月日	平成○○年○月○日
所在地	〒○○○－○○○○　○○県○○市○○町１-２-３
敷地概要（権利関係）	○㎡　事業主体○○、土地所有者△△、 借地権　契約期間○○年（平成△年契約）

群馬県 HP

9 介護体制（人員配置基準）

▶ ３：１が基本、手厚い介護は上乗せ介護費が

介護付有料老人ホームにおける介護体制とは？

介護付有料老人ホームはその施設の職員から介護を受けますが、**介護体制は国の基準で３：１以上**と決められています。これは、要介護者３人に対して１人以上の介護職員が介護する体制です。職員１人とは、週40時間（施設によっては週37.5時間）勤務する人を指し、パートで週20時間働く人は0.5人と計算します。しかし、実際は夜間帯は職員が少なく、ほとんどの介護施設で各フロア１人程度の職員で対応しています。昼間は食事、入浴、排泄などの介護やアクティビティが切れ目なく行われるため、職員数が多く配置され、全体として３：１となる計算です。

基本は３：１、手厚い介護体制が敷かれている施設も多い

３：１は最低限の人員配置基準であり、食事、入浴、排泄とアクティビティという基本的な介護に留まると考えるのが適切です。

実際はもっと手厚い介護体制を敷いている介護付有料老人ホームが多くなっています。2.5：１、２：１、1.5：１などです。例えば1.5：１では介護職員数が２倍となるため、一人ひとりに寄り添い心のケアが行われたり、個別に車いすで散歩に連れ出してもらえるというメリットがあります。しかし、その手厚い介護分に対しての人件費が加算されます。毎月の介護保険の自己負担分に上乗せ介護費として毎月支払うタイプの施設と、介護一時金などの名目で入居時に一括で支払うタイプの施設もあります。手厚い介護を謳っている施設は高額になる傾向があります。

〔介護体制の違い〕手厚い介護の図解

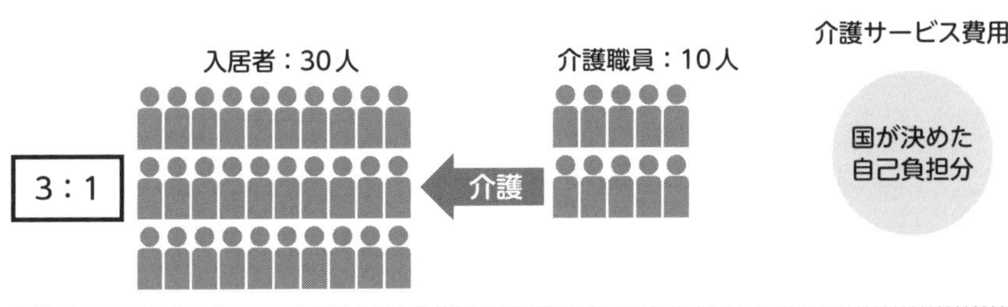

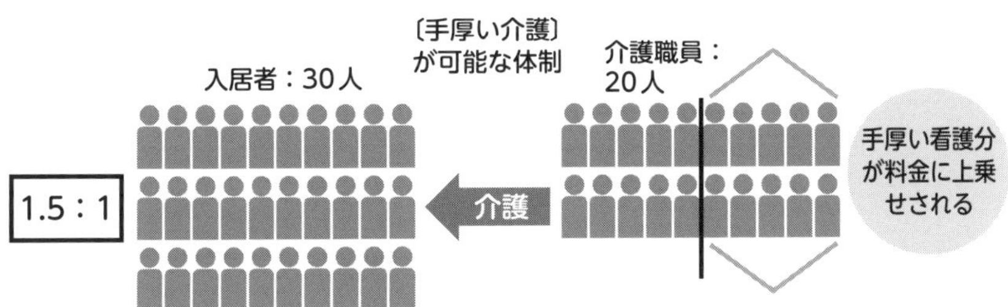

【3：1の人員配置基準とは】

人員配置基準「3：1」とは、要支援2以上の介護の必要な人3人に対して1人の介護者が当たる（要支援1の人の場合は10人に1人／常勤換算）という義務付けられた基準のことです。

介護に当たる職員は介護職員や看護職員で、施設長、生活相談員、ケアマネジャーは含まれていません。しかし、全員が常勤職員でなくてもよく、入浴や食事時間にはパートタイマーを導入している施設が多くなっています。

【手厚い介護体制の施設は、24時間看護師常駐のところもある】

特定施設である介護付有料老人ホームでは、常勤看護師1人以上配置が義務付けられています。看護師は平日昼間のみ勤務の施設、夜間も看護師常駐という施設、また、夜間はオンコールで看護師につながる体制の施設もあります。

医療依存度が高く、夜間も看護師常駐の施設を探したい場合は、2：1や1.5：1など手厚い介護体制の施設の中から探すのが早道です。夜間看護師常駐の施設は高額なところが多いといえます。

看取り可能な介護付有料老人ホーム

▶ 看取り希望なら対応可能な施設を探す

看取りとは

看取りとは、病人の側にいて最期まで世話をしながら見守り、看護することです。有料老人ホームは医療機関ではないため、在宅療養支援診療所の医師に訪問診療、往診を受け、ホームの看護師、介護士が連携して看取る形です。食事を摂れなくなり死亡するようなケースは、ホームでの看取りがスムーズにいくケースといえるでしょう。しかし看取りを希望しても施設では困難な場合もあります。例えば、たんが詰まりやすい、末期がんで痛みが強い、吐血で急変の可能性があるなど、高度な医療を必要とするケースです。

すべての施設で看取りが行われている訳ではない

有料老人ホームで看取りを行うには、研修を受けた、熟練した職員が必要です。特に夜間は１フロア１人体制が多いため、通常の業務を行いながら看取りも行うのは負担が大きく、職員にも不安があります。医師との連携が取れていない、職員の看取りへの研修ができていない等の理由で、現時点では看取りは行わない方針のホームもあります。看取り期に家族が宿泊可能な部屋があるかなども含め、事前の確認が必要です。

看取り介護加算

有料老人ホームで看取りを受け、死亡した場合は「看取り介護加算」

（自己負担割合）がかかります。

「看取り介護加算」がかかる要件

①医師が医学的知見に基づき、回復の見込みがないと判断した場合
②家族から看取りの同意を得た場合
医師から回復の見込みがないという説明を家族にしてもらう。家族が同意すれば「看取り同意書」を書いてもらう。その後施設は「介護計画書」を作成する
③常勤看護師（必ずしも常駐でなくて可）を１人以上配置し、施設または病院などの看護職員との連携による24時間の連絡体制を確保していること
④看取りに関する職員研修を実施していること
⑤看取りを行う際に、個室または静養室が利用できるよう配慮する
上記の要件を満たして看取りが行われた場合は、看取り介護加算が必要です。

看取り介護加算

・死亡日：1,280単位／日
・死亡日の前日・前々日：680単位／日
・死亡日以前４日以上30日以下：144単位／日

夜間看護体制加算、介護計画の作成等が条件

※単位（単位数単価）は、通常「１単位＝10円」ですが、地域とサービスにより異なります。

逝去の場所別にみた人数

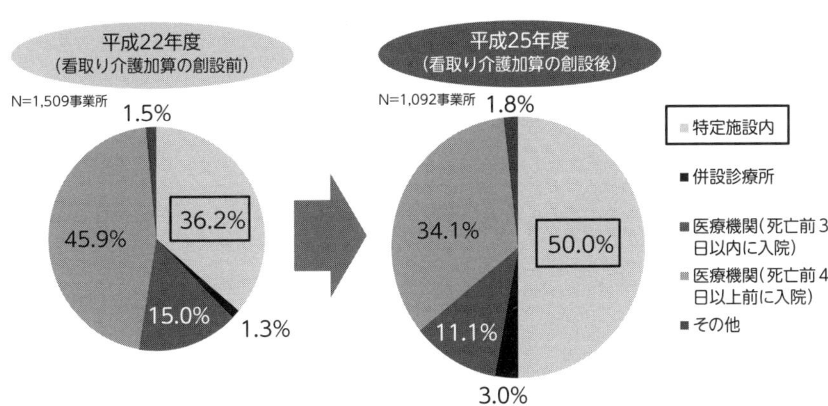

⇨看取り加算の創設後、特定施設（介護付有料老人ホーム）において、看取りを行った人の割合が上がった

「テーマ１」看取り参考資料より　厚生労働省

身元引受人

▶ 施設入居には身元引受人が必要

身元引受人

介護付有料老人ホームなどに入居するときは、大多数の施設で**身元引受人**が１人か２人必要です。入居中の緊急時、また、施設側からの相談事象が発生したときの連絡先となります。多くの場合、配偶者、子どもや甥、姪が引き受けます。

身元引受人の役割

身元引受人の役割は、大きく分けて三つです。

① 「連帯債務」……月額費用を払えなくなったとき、契約者と連帯して債務の責任を負う

② 「身柄・荷物の引き取り」……死亡時の手続き一式、葬儀、居室内の荷物の片付け

③ 「医療同意」……入院・手術は親族の同意が必要なので、入退院の手続き、費用の支払いを行う

なお、想定居住期間内に退去し返還金が発生する場合は、３カ月以内（中には6カ月以内）に身元引受人の口座に振り込まれます。

身元引受人となる親族がいない場合

核家族化の進行などにより、身元引受人に当たる親族がいない人が増えています。成年後見制度の利用や公正証書の作成、身元保証引受機関

利用などで対応している施設もあります。施設に相談してみましょう。

身元引受人がいない場合の対応例

・「身柄・荷物の引き取り」は成年後見人や施設と死後事務委任契約を締結

・「医療同意」は親族に限るという医療機関が多いのが現実ですが、本人の医療に関する意向確認が明確な場合は受入れ可能なところもあります。身元引受人がいなくても入居可能で、緊急時は入院・手術に対応可能な医療機関へ搬送し、お世話をしてくれる施設を選択することが、解決策の一つとなります。
なお近年、施設入居時には必ず医療や手術、延命治療の希望などの意向確認が行われています。延命治療拒否が明確な場合は、公正証書や尊厳死の宣言書（リビングウィル）を作成しておくなどの方法もあります。

・保証会社を使用することも可能です。また、サ高住などの場合は、高齢者住宅財団が連帯保証人の役割を担い、家賃などの債務を保証する「家賃債務保証」制度を利用できる場合があります。

身元引受人となる人

—前提条件—

本人より一世代若い親族が望ましい

・子

・甥、姪

★もし、いずれかの団体や会社などと身元保証契約などをしている場合は、契約先名・契約内容、連絡先を明記しておきます。

身元引受人がいない場合の相談先

・地域包括支援センター

・消費者センター

介護施設選びのポイント

▶ 経済性、健全性、感性・価値観を重視

ポイントは「3K」…経済性、健全性、感性・価値観を重視

老後を高齢者施設で生活したい人の場合は、どのように暮らしたいか、イメージを明確にします。入居時の身体状況により入居施設の選択肢が異なるため、まずは施設の類型を決めます。ここでは、自立時から最期まで自分らしく安心して生活できる終のすみかを探すケースに焦点を当て、考えていきます。ホーム選択のポイントは「3K」です。経済性（身の丈に合致しているか）、健全性（倒産しないような健全な経営状況か）、感性・価値観（心地よく暮らせるか）という順番で絞り込んでいきます。

ご自身の資産のチェックと施設経営の健全性チェック

有料老人ホーム選択のポイントで最重要事項は「経済性」に合致していることです。資産一覧表を作成し、資産を把握し、何年間施設で生活するかを予測し、前払金と月額費用がいくら位までのところなら入居可能かを計算して支払い可能な上限枠を定め、その枠内で探します。

次に、倒産しないような堅実な施設経営を行っているかという「健全性」を、財務諸表などで確認します。専門家に依頼することも可能で、入居率が90%以上であることも一つの目安といわれています。

「見学」「体験入居」で絞り込む

経済性、健全性に適ったホームの中で、「感性・価値観」に合うかどうかの判断は重要です。ホームごとに入居者や職員、立地、雰囲気が異なります。ホームは第二の自宅となるため、自分が心地よく暮らせそうかどうかを、見学や体験入居を繰り返すことで、自らが判断します。

有料老人ホームを見学する場合は、電話やメールでアポイントを取り、指定された日時に来館します。ホームページやパンフレットではわからない生の雰囲気を感じ取り、自分や親が心地よく暮らせそうかを確認します。施設の生命ともいえる施設長や介護職員がどんな人たちで、入居者に丁寧に、熱意を持って対応しているかを観察します。また、施設生活の楽しみである食事が口に合うかは大事なポイントなので、できればランチの試食もしてみましょう。

高齢者施設・住宅選択のポイント

経済性

1. 入居目的の明確化

・資産再確認…いくらまでの前払金なら支払えるかを割り出す

2. 候補施設をピックアップ（目安：5～10施設）

健全性

・環境、立地
・経営理念・方針、経営状況、財務状況、入居率
・入居一時金、月額費用、その他費用
・建物、サービス内容
・医療機関との連携…提携医療機関・協力医療機関、夜間看護体制

重要事項説明書をチェック！

感性（価値観）

3. 見学

・HP、パンフレットのとおりかどうか確認
・スタッフの対応
・入居者の表情
・介護体制
・施設の設備、清潔感、雰囲気
・できれば、ランチの試食

・看取りは？
・認知症ケアは？

4. 体験入居（数日間生活する）

・見学・体験入居は季節を変え、数回行うことが望ましい

ー安心して看取りまでしてもらえる、心地よく暮らせる終のすみかとなるホームを選択するー

13 自立のときから終のすみかへ

▶ 居室が広く、共有部分が充実で高額

介護付有料老人ホーム入居時自立型という選択肢

介護付有料老人ホーム入居時自立型（以降「自立型ホーム」）は、身の回りのことができる自立の人が入居する高齢者専用マンションタイプの住まいです。居室にはトイレ、洗面所、風呂、キッチンがあり、25～100㎡程度です。自炊も可能ですが、食堂で食べたり、外食も自由です。数百人規模の大型の建物が多く、居室、食堂、大浴場の他に、シニアライフを謳歌できるように囲碁・麻雀・カラオケ・ビリヤードルーム、図書室、和室、多目的室などの趣味や娯楽の部屋も用意されており、自由に使えます。サークル活動も行われています。

最期まで介護を受けて暮らせる「終のすみか」

自立型ホームは、気力も体力もあるうちに自分に合う施設を選び、そのコミュニティに慣れ親しみ、友達を作り、シニアライフを謳歌して暮らせる住まいです。万が一、介護が必要になれば、介護棟や介護フロアの介護居室に住み替えるホームが大半です。介護居室は狭くなりますが、介護職員が身近にいて、いつでも介護を受けられ、看取りまで行ってもらえる施設が多いため、最期まで安心して暮らせる「終のすみか」となる施設といえます。

介護付有料老人ホーム入居時自立型は前払金が高額

自立のときから長期間生活できることから、居室は広く、共有スペースも充実しているため、前払金が数千万円以上と高額になっています。

自立高齢者の住まい

- 介護付有料老人ホーム入居時自立型
- 住宅型有料老人ホーム
- 健康型有料老人ホーム
- サービス付き高齢者向け住宅
- シニア分譲マンション

上記５タイプの自立高齢者の住まいのうち、最期まで介護を受けて暮らせる「終のすみか」となるのは、介護付有料老人ホーム入居時自立型です。 他の施設・住宅は、介護が必要になると、外部サービスを利用したり、退去しなければならないケースがあります。

入居時自立 → 最期まで

介護付

介護の不安を低減でき
安心して生活することができる

介護付有料老人ホーム入居時自立型の費用

- 前払金は数百万円～４億円超と高額
- 月額費用は、自立のときは12 ～ 20万円位（前払家賃、居室の水道光熱費を除く)。個人的にかかる費用は、水道光熱費、日用品代、通信費、医療費、交際費など

施設との契約から入居までの手順

▶ 入居契約と転居手続きを把握しておく

有料老人ホームの契約から入居までの手続き

有料老人ホームの入居契約の流れは次のようになっています。

① **仮申込み／仮申込書の記入、提出**（不要な施設もある）
・申込金の振込（10～50万円程度、前払金ゼロの施設はなし）

② **申込み／必要書類の提出**
・入居申込書（認印、写真）
・資産概要書（認印）（不要な施設もある）
・健康に関する自己申告書（認印）
・医師の診断書、診療情報提供書（３カ月以内のもの）
・個人情報の使用に関わる同意書（認印）

③ **入居審査および結果通知／稀に入居を断られる場合もある**

④ **有料老人ホーム入居契約／重要事項説明書の説明、入居契約締結**
・入居契約書２通（実印・認印）、サービス契約書、管理規約
・住民票（入居契約者、身元引受人、返還金受取人）
・その後、契約金を振り込む（申込金を差し引いた金額）

⑤ **有料老人ホーム入居／前日までに残金を振り込む／鍵の引き渡し**
・入居日から管理費発生
・入居日の翌日から前払金の償却開始（契約終了後即入居しない場合でも、原則３カ月以内に前払金の償却開始）

なお、実際は、施設ごとに上の流れと異なることがあります。

転居に伴う手続き

有料老人ホームへの転居には、次の手続きが必要です。

- 転出届、転入届（同一市町村内であれば転居届のみ）
- 国民健康保険、医療保険、介護保険、マイナンバーの住所変更（転出届提出後14日以内）
- 年金受取りの変更届（年金受給権者住所、受取機関変更届）
- 郵便局へ転居届
- 公共料金の停止、移転届など（電気、ガス、水道、電話、インターネット、NHK）
- 銀行、生命保険会社、証券会社などへの住所変更届
- その他の契約の解除（新聞、牛乳、生協など）

有料老人ホーム　入居申込書（例）

○○○ホーム　入居申込書

社長印	課長印	係長印	事務印	受付印

申込日	平成　年　月　日
居室No.	

入居者	ふりがな / 氏名		男・女	生年月日　明治・大正・昭和　年　月　日　年齢　才　血液型
	介護の有無	要・不要　（要支援 1・2　要介護 1・2・3・4・5）	担当介護支援専門員	
	利用サービス	無・有　（訪問介護　通所介護　訪問看護　訪問リハビリ）		
	現住所	〒　－　都・道 府・県　区・市 郡		
	電話番号	自宅　－　－	携帯	－　－
入居希望日程	日程	平成　年　月　日　午前 午後　時より		
	お食事	月　日　朝 昼 夕　食より	特記：（食事形態、アレルギー、好き嫌いなど）	
介護状況	排泄	（　自立　・　トイレ　・　オムツ　・　リハパン　・　パット　・　ポータブルトイレ）		
	入浴	（　自立　・見守り　・一部介助　・全介助　）		
	食事	（　自立　・見守り　・一部介助　・全介助　） （主食：ご飯　・　おかゆ　）（副食：常食　・　一口　・　きざみ　・　極きざみ　・　ミキサー　） （水分トロミ：　あり　・　なし　）（禁止食材・アレルギーなど：		
	移動	（　自立　・　杖　・　歩行器　・　車椅子　）		
	内服薬	（あり：　・なし　）　内服管理（　できる　・　できない　）		
	認知症	（　徘徊　同じ話の繰り返し　暴言　興奮　昼夜逆転　物取られ妄想　その他（		
	既往症			
申込者	ふりがな / 氏名		男・女	生年月日　明治・大正・昭和　年　月　日　年齢　才
	現住所	〒　－　都 道 府 県　区・市 郡		
	電話番号	自宅　－　－	携帯	－　－
緊急時連絡先	ふりがな / 氏名		男・女	関係　（長男・嫁など）
	現住所	〒　－　都 道 府 県　区・市 郡		
	電話番号	自宅　－　－	携帯	－　－
	職業　ふりがな / 勤務先		電話番号	－　－

有料老人ホームの退去リスク

▶ 事業者側からの退去要件を把握しておく

有料老人ホームを退去するとは

有料老人ホームは終のすみかとして選ぶのが一般的ですが、契約解除（生前退去）といって、自らの意志により途中で退去する人もいます。入居してみたら想定していたホーム像とのギャップが大きく、心地よく生活できないため自宅に戻る、別の施設に住み替えるというようなケースです。また、身体状況の悪化に伴い、夜間の医療行為も受けられる24時間看護師常駐の別の介護付有料老人ホームに移るケースもあります。

有料老人ホーム側からの退去要件

入居者側の理由での退去の他に、事業者側から契約解除され、退去となる場合もあります。ホームの重要事項説明書で確認しておきましょう。事業者側からの契約解除の要件には次のようなものがあります。

事業者側から退去勧告を受けるケース

①再三の督促にもかかわらず、本人や身元引受人が月額費用を支払わない場合

②身体状況の変化……施設の看護師では対応困難な医療処置が必要になった場合

③他の入居者や職員への暴力などの迷惑行為が頻繁になった場合……認知症の進行などにより、暴力・暴言が著しくなり、通常の介護では困

難になった場合

④不正入居の発覚……入居時の虚偽の記載が発覚した場合

この他、有料老人ホームの運営が悪化し倒産すると全員退去となります。

事業者側から退去を迫られる要件

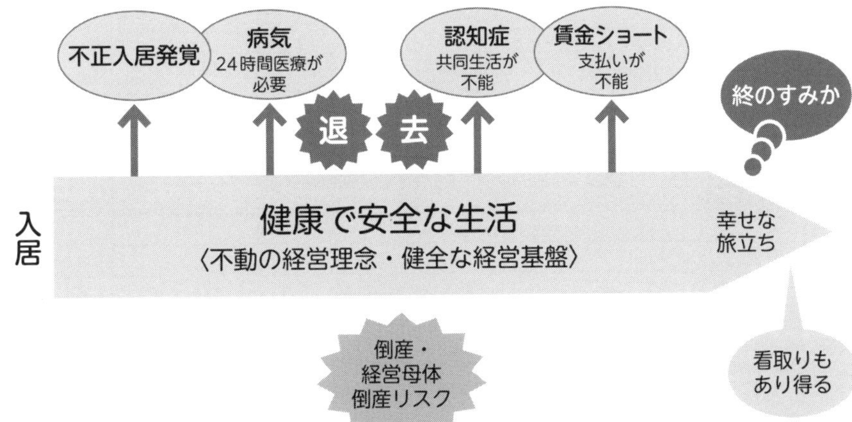

死亡以外の退去理由

	有料老人ホーム					
	計		介護付		住宅型	
	回答数	比率%	回答数	比率 %	回答数	比率 %
心身の状態の回復に伴う自宅復帰	84	3.5	184	16.8	178	13.4
家族・親族との関係再構築、同居開始等	86	3.5	157	14.4	148	11.1
要介護状態の進行による身体状況の悪化	255	10.5	193	17.7	368	27.6
認知症の進行による周辺症状の悪化	55	2.3	128	11.7	238	17.9
医療的ケアニーズの高まり	990	40.8	665	60.9	666	50.0
集団生活が困難(他入居者とのトラブル多発、関わり拒否等)	43	1.8	128	11.7	153	11.5
経済的な理由による負担継続困難	220	9.1	386	35.3	303	22.7
立地、ホームイメージ等の選好の変化	46	1.9	110	10.1	75	5.6
その他	161	6.6	143	13.1	145	10.9
無回答	484	20.0	174	15.9	309	23.2
（n値） 単位：件	2,424		1,092		1,332	

「平成25年度有料老人ホーム・サービス付き高齢者向け住宅に関する実態調査研究事業　報告書」
公益社団法人全国有料老人ホーム協会

施設見学チェックリスト

見学時の備忘録として活用します。

施設見学チェックリスト

年　月　日（　）

随行者：

見学案内担当者名

類型	
施設名	
運営主体	
住所	
アクセス	
電話番号	
定員（室数）	
居室・面積	
介護体制	
入居時の費用	
毎月の費用	
《チェック項目》	○△×
1　立地・環境	
2　建物の清潔感	
3　共有部分は十分か	
4　居室の使い勝手	
5　日当たり	
6　臭いはしないか	
7　職員の対応	
8　入居者の雰囲気	
9　介護	
10　看護・医療体制	
11　総合評価	
12　コメント	
・気に入った点	
・気になる点など	

【感想】

第4章

認知症

1 介護が必要になる原因

▶ 認知症が原因で要介護になる人が多い

介護が必要になる原因の第１位は認知症！

介護が必要になる要因は、厚生労働省が2020年７月に発表した「2019年国民生活基礎調査」では、認知症が第１位で17.6％です。第２位は脳血管疾患、第３位以降は高齢による衰弱、骨折・転倒、関節疾患です。

認知症は徐々に、脳血管疾患はいきなり要介護に

認知症は、認識力、記憶力、判断力など脳の機能が低下した状態です。いきなり症状が現れ急激に悪化するものではなく、多くの場合、じわじわとゆっくり進行するため、徐々に介護が必要になっていきます。

脳血管疾患の代表は脳卒中で、前兆となる症状が現れる場合もありますが、突然、脳血管が詰まる、脳血管から出血するなどで、手足がしびれる、動かなくなる、言葉が話せなくなるという症状が現れるケースが多くなっています。直ちに治療が行われますが、高齢期に発症した場合、後遺症が残り、介護が必要になるケースが多くなっています。

筋力が衰えることで要介護に

高齢による衰弱、転倒・骨折、関節疾患が原因の場合は、加齢とともに筋力や気力が衰えて虚弱になり、じわじわと要介護度が上がります。身体を支えきれず転倒、骨折し、入院することで、さらに筋力が弱まり、要

介護になる人もいます。これらは女性に多く見られます。

　第４章は、認知症についてみていきます。

介護が必要になった主な原因

認知症
17.6%

脳血管疾患
16.1%

高齢による衰弱
12.8%

骨折・転倒
12.5%

関節疾患
10.8%

その他・不詳
30.2%

「2019年国民生活基礎調査（厚生労働省）」を基に作成

2 認知症の疑い

▶ 認知症かも？　と思ったら思い切って受診を

認知症とは

認知症とは、いろいろな原因で脳細胞が破壊されたり、働きが鈍くなることで、様々な障害が起こり、社会生活や日常生活に支障が出ている状態のことをいいます。加齢による物忘れは、昼食を食べたことは覚えているが、何を食べたかを思い出せないなど体験したことの一部を忘れるもので、ヒントがあれば思い出すことができます。しかし、認知症による物忘れは、昼食を食べたこと自体を忘れるなど、物事全体が抜け落ち、ヒントがあっても思い出せないという違いがあります。

認知症は早期受診、早期発見、早期治療が大事！

これまでしっかりしていた親が最近何となく行動がおかしい、同じことを何度も繰り返す、道に迷ったなど、「歳のせいだけかな？」と不安になることがあるかもしれません。これらは認知症の初期症状かもしれません。

「認知症になったら治らないから、病院に行っても仕方がない」と受診しない人がいます。しかし、一時的な症状のものや、病気が原因の場合は、早期発見、早期治療により改善することもあるといわれています。

また、医師による適切な治療（投薬）で認知症の進行を遅くさせ、本人らしく暮らせる時間を長くすることもできるようです。「認知症かも？」と不安になったら、早めに診てもらいましょう。

認知症かも？　チェック項目

□同じことを何度も言ったり、聞いたりする
□身近な人の名前を思い出せない
□好きなことに関心がなくなる
□物忘れが目立つ
□慣れている場所で道に迷い、家に帰れなくなる
□置き忘れやしまい忘れが目立つ
□怒りっぽくなる
□時間や場所の感覚が不正確になる
□鍋を焦がす
□水道の閉め忘れが目立つ
□電気のスイッチの場所や操作がわからなくなる
□財布を盗まれたという
□テレビドラマの内容を理解できなくなる
□身だしなみがだらしなくなる
□同じものばかり買ってくる

老化による物忘れと認知症の相違点

	加齢に伴う物忘れ	認知症の物忘れ
原因	脳の生理的な老化	脳の神経細胞の変性や脱落
物忘れ	体験の一部分を忘れる (ヒントがあれば思い出す)	体験したことの全体を忘れる (ヒントがあっても思い出せない)
症状	見当識障害はみられない 探し物を努力して探そうとする	見当識障害がみられる 探し物も誰かが盗ったということがある。道に迷う
自覚	物忘れを自覚している	物忘れの自覚がない(乏しい)
取り繕い	取り繕いはみられない	しばしば取り繕いがみられる
判断力	低下しない	判断の障害や実行機能障害がある
症状の進行	極めて徐々にしか進行しない	徐々に進行する
日常生活	支障はない	支障をきたす

3 認知症の症状

▶ 中核症状と周辺症状があり、様々

認知症の中核症状

認知症の症状には､日常生活や行動がうまくいかなくなる「中核症状」と、それにより周囲の人々にも影響を及ぼす「周辺症状」があります。

中核症状は、加齢による脳の病的な変化や病気による脳の障害により脳細胞が壊れ､担ってきた役割が失われて生じる症状です。記憶障害､見当識障害、理解・判断力の障害、実行力機能障害、失語・失認識・失行などがあります。

周辺症状

周辺症状は略して**BPSD**(Behavioral and Psychological Symptoms of Dementia：認知症に伴う行動・心理症状）といわれます。中核症状により引き起こされる二次的な症状で、「心理」「行動」の二つの状態に大別できます。周辺症状は、中核症状のように必ず現れるものではありません。その状態を引き起こしている要因を理解することで、軽くしたり、解消できる場合もあるようです。

認知症は一様ではない

認知症の症状は、認知症の種類により異なります。また、個人差もありますので、「もしかして？」と思うときには、専門家に相談するなり、専門医の診断を受けるのが安心です。

認知症の症状／中核症状・周辺症状

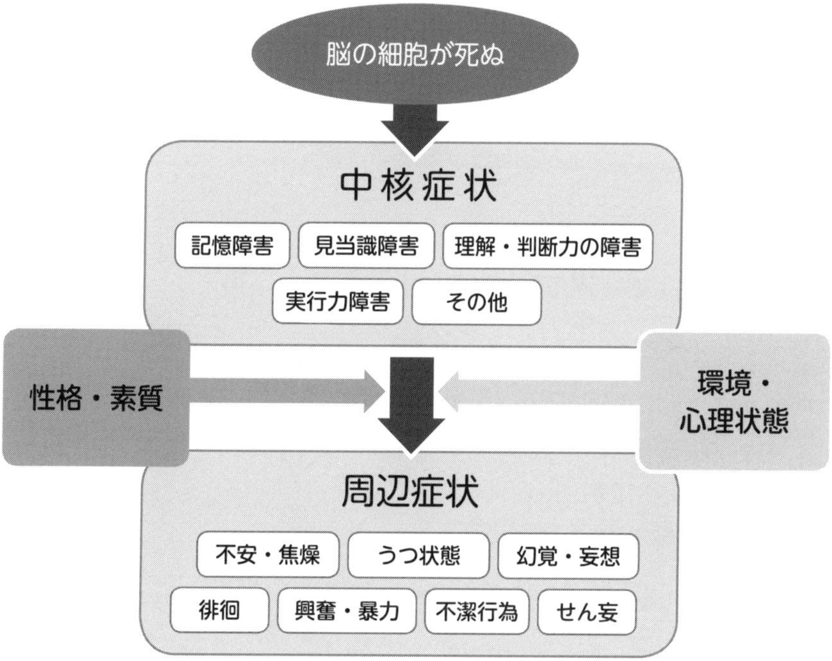

「認知症を理解する」厚生労働省政策レポート

認知症の種類

▶ アルツハイマー型が約６割、特に女性に多い

認知症で一番多いのはアルツハイマー型

認知症はその原因により、大きく３種類に分けることができます。脳神経細胞の異常が原因で起こる「脳変性性認知症」、脳血管の異常が原因の「脳血管性認知症」、頭部外傷、脳腫瘍、脳炎などが原因で起きる「その他の認知症」です。脳変性性認知症には、アルツハイマー型認知症、レビー小体型認知症、前頭側頭型認知症（ピック病）があり、最も多いのはアルツハイマー型認知症で、約６割を占めているといわれています。

認知症の種類により、対応法が異なる

認知症の種類により、対応方法が異なります。アルツハイマー型などの脳変性性認知症では、進行を遅らせる対症療法が行われています。脳血管性認知症は高血圧や糖尿病などの生活習慣病の管理で発症を減らすことにつながり、脳卒中の再発予防で進行を抑制できるようです。正常圧水頭症、慢性硬膜下血腫による認知症は、原因である病気の治療により進行が抑制されています。

アルツハイマー型認知症は女性に多い

アルツハイマー型認知症は、日時がわからなくなる、大声を上げる、暴言暴力行為、徘徊する、被害妄想、幻覚が出る、身近な人のこともわからなくなる、などの症状が見られます。進行すると、基本的な生活がで

きなくなり、寝たきりになることもあります。70歳以降の女性に多く見られます。

認知症の種類と特徴

種類	名称	特徴
脳変性性	アルツハイマー型	脳神経細胞の障害により、脳が委縮して起きる。ゆっくり進行するため、いつ発症したかがわかりにくい
	レビー小体型	大脳皮質の神経細胞にレビー小体という異常なたんぱく質が出現して起きる。アルツハイマー型に次いで多い。幻視、幻聴がおきる
	前頭側頭型（ピック病）	前頭葉や側頭葉が委縮して起きる。性格の変化や理解不能な行動を起こす
脳血管性	脳血管性	脳梗塞などの脳血管障害を起こして、認知症の症状が出現する。発作の度に進行するので、予防が大切
その他	その他の脳の異常	正常圧水頭症、慢性硬膜下血腫、甲状腺機能低下症などにより起こる

若年性認知症についても知っておこう

65歳未満の人が発症する認知症が「若年性認知症」です。アルツハイマー型や脳血管性が中心です。
患者の多くが家族を支える年齢層であることから、日常生活のみならず、仕事に支障をきたすという大きな問題があります。

5 認知症の専門医

▶ 認知症専門医受診がベスト

認知症の相談窓口

家族に「認知症かも？」という症状が出てくると、どう対応してよいものかと悩みます。早期発見・早期治療のためにも、一人で抱え込まず、地域包括支援センターや役所の窓口に相談しましょう。

各自治体で「認知症相談窓口」を設けているところが増えています。近年「認知症初期集中支援チーム」といって、認知症の専門家がチームを組んで、認知症の初期段階から住まいを訪問し、集中的に早期診断、早期対応を行い、本人や家族をサポートしています。メンバーは専門医、保健師、看護師、作業療法士、社会福祉士、介護福祉士です。

認知症専門医を受診する

認知症には専門医がいます。「物忘れ外来」「認知症外来」「診療内科」「神経内科」「精神科」などの専門外来です。どこに行ったらよいかわからない場合は、かかりつけ医に相談してみましょう。本人の様子をよく知る家族が付き添いますが、症状を整理したメモを持参すると、的確に伝えられるでしょう。

認知症の検査は、「認知機能検査」と「画像検査」です。**認知機能検査**は、日時や物の形の認識、簡単な計算、記憶を調べる検査です。**画像検査**は、CTやMRIなどで脳の萎縮、梗塞の有無などを診ていきます。また、一般的な身体検査、神経学的検査が行われることもあります。

認知症の診断基準（DSM）

※ DMSとは、新しい認知症の診断基準のことです。

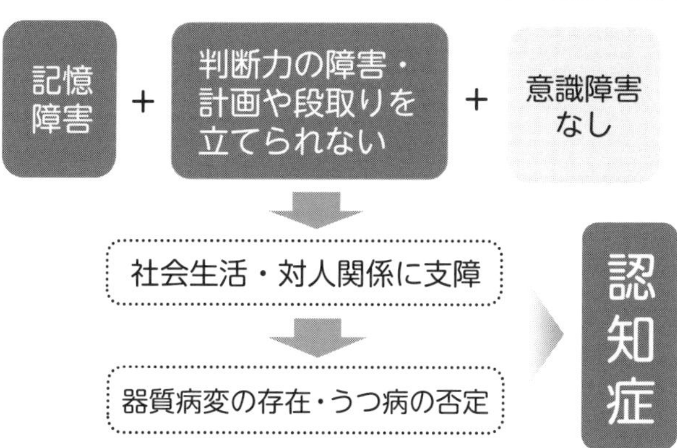

「認知症施策の現状」厚生労働省老健局高齢者支援課　認知症・虐待防止対策推進室作成

長谷川式簡易知能評価スケール（132ページ参照）

長谷川和夫医師らにより公表された認知症診断指標で、広く利用されています。見当識、記憶など9項目の質問からなり、30点満点で、20点以下は認知症の疑いがあります。認知症が確定している場合は、20点以上で軽度、11～19点で中等度、10点以下で高度です。

6 社会全体で認知症の人を支える

▶ 認知症への理解を広げ共に生きる社会

認知症になっても本人の意思を尊重

厚生労働省は「認知症になっても本人の意思が尊重され、できる限り住み慣れた地域の、よい環境で暮らし続けることができる社会」の実現を掲げ、施策を講じています。「認知症初期集中チーム」や「認知症地域支援推進員」の配置もその一例です。社会全体で認知症の人々を支えていくには、介護サービスだけでなく、地域全体で自助・互助を最大限活用することが必要で、次のような活動も推進され、広がってきています。

認知症サポーターキャラバン

「認知症サポーターキャラバン」は認知症に対する正しい知識と理解を広めるため、地域や職場で認知症の人や家族を手助けする認知症サポーターを増やす活動です。その講師役がキャラバンメイトです。全国各地でセミナーや寸劇を通した養成講座が開催されています。

認知症カフェ、認知症の人と家族の会

「認知症カフェ」（オレンジカフェ）は、認知症の人が自ら活動し、楽しめる場所であり、家族にとっては分かり合える人と出会える場です。月に１～２回程度、地域住民や専門職も集い、交流します。

「公益財団法人認知症の人と家族の会」では同じ悩みを持つ人たちとつながることで、情報交換ができます。本人、家族、介護者が集い、励ま

し合い、ストレス解消を図っています。

社会全体で認知症の人びとを支える

（イメージ）地域では多様な主体、機関が連携して認知症の人びとを含めた高齢者を支えていくことが必要。

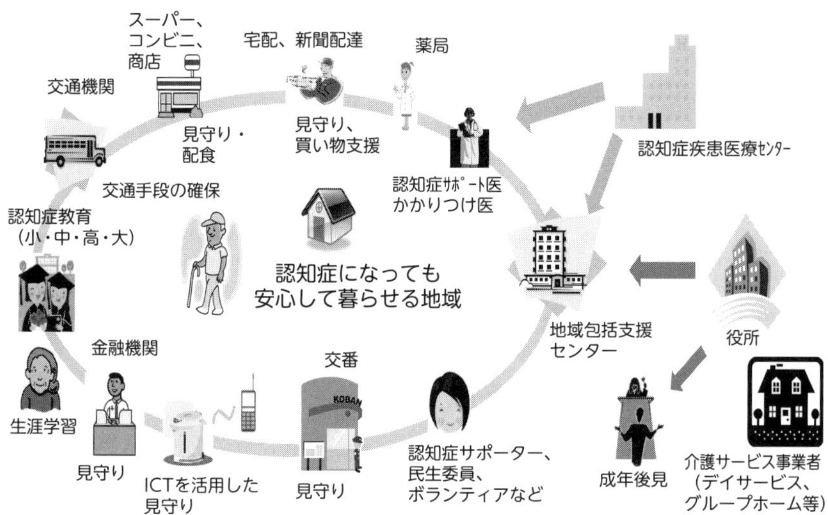

「認知症施策の推進について」厚生労働省社会保険審議会介護保険部会（第 47 回）平成 25 年9月4日資料2

第4章 認知症

認知症の人の経済的支援制度

▶ 自立支援医療制度利用で１割負担

自立支援医療（精神通院医療）とは

自立支援医療（精神通院医療）とは、認知症などの精神疾患で継続的に通院している人が、医療の自己負担を軽減できる制度です。医療費の自己負担割合は年齢や所得により異なりますが、「自立支援医療受給者」に指定されると、自立支援医療受給者証が発行され１割負担で済みます。ただし、入院せず、通院での認知症治療を行う場合に限られます。

自立支援医療制度を利用できるのは

認知症における自立支援医療の対象となるのは外来治療、外来での投薬、デイケア、訪問看護です。ただし、同じ医療機関で、認知症以外の病気やケガの治療を受けた場合の費用は適用されません。

なお、福祉色の濃い制度のため、一定所得以上の人の場合は原則対象外です。世帯収入も関係しますので、役所の窓口で確認しましょう。

精神障害者保健福祉手帳

認知症は器質性精神障害に該当するため、「精神障害者保健福祉手帳」の対象になります。精神障害者保健福祉手帳を取得すると、所得税、住民税、相続税、贈与税、自動車税の減免を受けられます。公共交通機関やNHK受信料、公立美術館・博物館・動物園の入園料割引などは自治体により異なりますので、居住地の役所でご確認ください。

自立支援医療 手続き・利用の流れ

利用者
認知症高齢者

①申請（窓口申請※、郵送申請）

役所の担当窓口

②審議

③自立支援医療受給者証・
自己負担上限額管理表の交付
（非該当の場合は文書で連絡）

④自立支援受給者証・
自己負担上限額管
理表 の提示

指定医療機関

⑤自立支援医療
の利用

※窓口申請に必要なもの
- 自立支援医療診断書（主治医に書いてもらう／有料）
- 健康保険証
- 住民税の課税状況のわかるもの

自立支援医療（精神通院医療）の対象者、自己負担の上限額

生活保護世帯	市民税非課税 本人収入 80万円以下	市民税非課税 本人収入 80万円超	市民税（所得割）3万3千円未満	市民税（所得割）3万3千円以上～23万5千円未満	市民税（所得割）23万5千円以上
0円	月額2,500円まで	月額5,000円まで	1割負担		自立支援医療制度の対象外
			重度かつ継続		
			月額5,000円まで	月額10,000円まで	月額20,000円まで

「自立支援医療（精神通院）の制度と手続きについて」岩手県 HP

長谷川式簡易知能評価スケール

1	お歳はいくつですか？（２年までの誤差は正解）		0 1
2	今日は何年何月何日ですか？ 何曜日ですか？（年月日、曜日が正解でそれぞれ１点ずつ）	年 月 日 曜日	0 1 0 1 0 1 0 1
3	私たちがいまいるところはどこですか？ （自発的にでれば２点、５秒おいて家ですか？病院ですか？施設ですか？のなかから正しい選択をすれば１点）		0 1 2
4	これから言う３つの言葉を言ってみてください。あとでまた聞きますのでよく覚えておいてください。（以下の系列のいずれか１つで，採用した系列に〇印をつけておく） 1： a）桜 b）猫 c）電車、 2： a）梅 b）犬 c）自動車		0 1 0 1 0 1
5	１００から７を順番に引いてください。 （100-7 は？、それからまた７を引くと？ と質問する。最初の答えが不正解の場合、打ち切る）	(93) (86)	0 1 0 1
6	私がこれから言う数字を逆から言ってください。 （6-8-2、3-5-2-9 を逆に言ってもらう、3 桁逆唱に失敗したら、打ち切る）	2-8-6 9-2-5-3	0 1 0 1
7	先ほど覚えてもらった言葉をもう一度言ってみてください。 （自発的に回答があれば各２点、もし回答がない場合以下のヒントを与え正解であれば１点） a）植物 b）動物 c）乗り物		a： 0 1 2 b： 0 1 2 c： 0 1 2
8	これから５つの品物を見せます。それを隠しますのでなにがあったか言ってください。 （時計、鍵、タバコ、ペン、硬貨など必ず相互に無関係なもの）		0 1 2 3 4 5
9	知っている野菜の名前をできるだけ多く言ってください。 （答えた野菜の名前を右欄に記入する。途中で詰まり、約10 秒間待っても出ない場合には そこで打ち切る） 0～5＝0 点，6＝1 点，7＝2 点，8＝3 点，9＝4 点，10＝5 点		0 1 2 3 4 5
		合計得点	

第5章

親が入院・自分が入院

1 入院手続き

▶ 入院手続き、緊急時の流れも押さえておく

親の入院

親の体調が悪く、病院に同行し、入院することになる場合と、いきなり病院から親が入院したと連絡が来る場合があります。特に後者の場合は驚きが走ります。

病院から連絡が来たら、冷静に、現在どんな状況なのか、どこの病院のどこへ行けばよいのか、必要なものはあるかを確認します。必要なものを用意し、直ちに病院へ駆けつけます。救急外来など指定の窓口に行き、家族であることを伝え、病院の指示に従います。本人の健康状態や生活についての質問に応答し、入院手続きを行います。

入院手続き

親の入院にあたり、入院申込書・誓約書に、親本人と身元保証人が署名、捺印します。身元保証人の一人は別世帯であることという条件が付いている病院もあります。身元保証人の役割は、本人が治療費を払えなかったときの支払いの保証、医療行為の告知、退院・転院の責任、死亡時の遺体の引き取りです。

入院時に用意していくものには、本人の健康保険証、診察券、各種医療受給者証、限度額適用認定証（本章⑩参照）、服薬中の薬、印鑑、保証金、身の回り品などがあります。保証金は退院時に清算されますので、証書を大切に保管しておきます。病院によっては、1割負担、3割負担、自費診療などにより、保証金額が異なる場合もありますが、大体5～10

万円位です。身の回り品に関しては、病院の売店で購入できるものもあります。

入院までの流れ

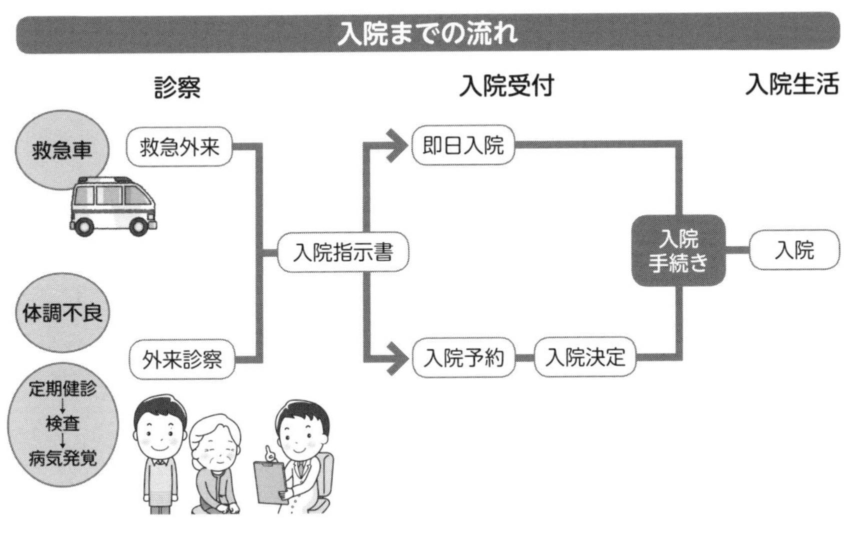

親が突然体調悪化

・救急車を呼びたい　→　＃7119へ電話

・医療情報ネットで調べる

厚生労働省の「医療機関情報提供制度（医療情報ネット）」を検索

↓

各都道府県の掲載ページに移動

↓

医療機関を探す（診療科目、診療日、地域、最寄り駅で検索……
都道府県ごとに異なる）

↓

検索

「医療機関情報提供制度（医療情報ネット）」のURL
https://www.mhlw.go.jp/stf/seisakunitsuite/bunya/kenkou_iryou/iryou/teikyouseido/index.html

2 入院に備えておくこと

▶「いざ入院！」に日頃から備えておく

親の体調の見守り

高齢になると、健康に自信がある人でもどこかしら衰えてくるものです。毎日一緒にいると気がつかないこともあります。早期発見・早期治療が大切なので、気をつけて見守っていくように心がけます。

親の入院の備え

持病がある場合は、入院に備えて心の準備、入院グッズを用意している人が多いでしょう。しかし、たとえ元気であっても、高齢期になるといつどんな事態が起こるかわかりません。準備しておきましょう。

自分の親であっても、名前や住所、生年月日くらいしかわからず、病歴や服薬中の薬、かかりつけ医はどこか、最近の体調はどうかなど答えられないことがあります。常日頃から、親の情報をメモして持ち歩くなど、いつでも正確に答えられるように心がけておきましょう。

いざというとき、家族との連絡が取れるように！

親が突然入院することもあります。日頃から兄弟姉妹などの連絡先を確認しておきます。見舞い、付き添いや医師との面談など、一人ではなく、家族が協力し合うことになります。また、退院後は親の生活のサポートが必要になることもあります。全員が合意の下で進められるよう風通しを良くし、キーパーソンとなる人を決めておくことは大切です。

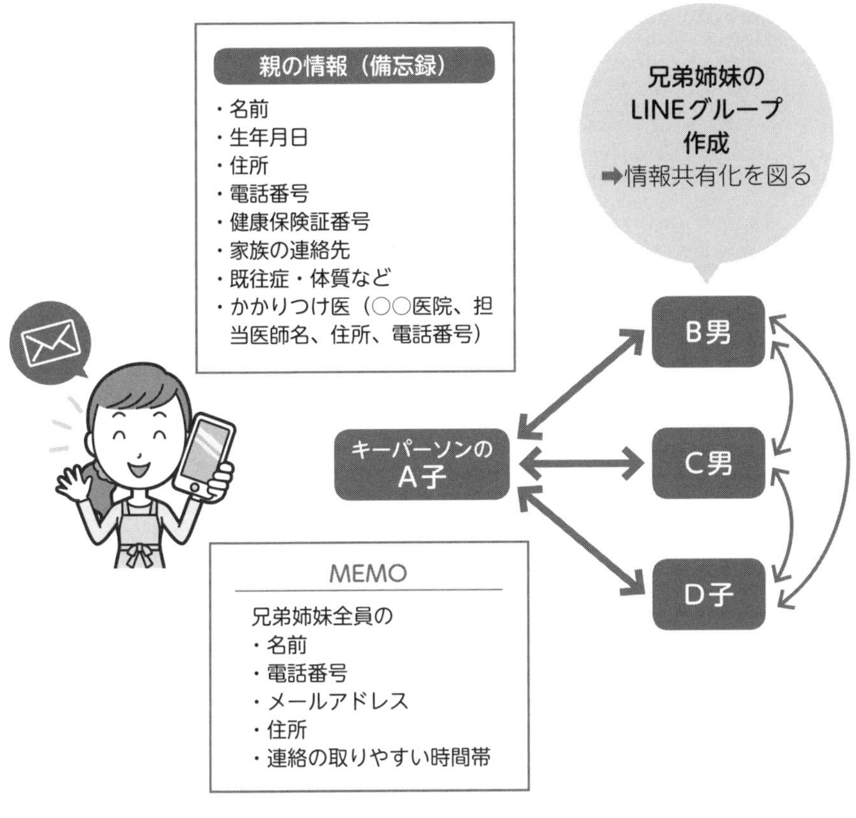

入院時に必要なグッズ

- 健康保険証（や後期高齢者医療被保険者証）、介護保険被保険者証
- 診察券
- 印鑑、入院保証金、お薬手帳、服用中の薬
- パジャマ、下着、履きもの、洗面具、タオル、ティッシュペーパー、ウェットティッシュ
- はし、フォーク、スプーン、コップ
- ペン、メモ用紙、時計、メガネ、コンタクトレンズケースなど一式、携帯電話
- 現金、テレフォンカード

3 入院診療計画・クリニカルパス

▶ 入院診療計画書で今後の流れがわかる

入院のスケジュールを確認

入院すると7日以内に「**入院診療計画書**」という入院中の指導、検査項目、手術の内容・日程、治療計画と目標などが書かれたスケジュール表が渡されます。これを見れば、患者は診療やケアの流れがわかります。

入院診療計画書はクリニカルパスで代用されることもある

入院診療計画書は病院によっては、クリニカルパスで代用されていることもあります。**クリニカルパス**は、もともと工業領域における工程管理の方法として開発されました。医療界でも、医療の質の向上と、診療過程を標準化し入院日数を短縮する手法として、一つのスケジュール表にまとめて使用されています。脳卒中クリニカルパスとか、大腿骨頸部骨折クリニカルパスなど、病気ごとにクリニカルパスがあります。

入院診療計画書の形式は病院により異なります。日付ごとに検査や診療内容、リハビリ、食事形態などが書かれていてイメージしやすい形式の場合や、項目と内容だけの形式の場合もあります。

地域連携クリニカルパス

地域連携クリニカルパスとは、急性期と回復期の病院間で、切れ目のない治療を受けるための診療計画表のことです。患者の病状や障害の内容、日常生活評価などを医師やリハビリスタッフ、看護師らが書き込み、転院先に渡します。病院や介護施設を含む多職種が連携して治療し見守っていく、頼もしい仕組みです。

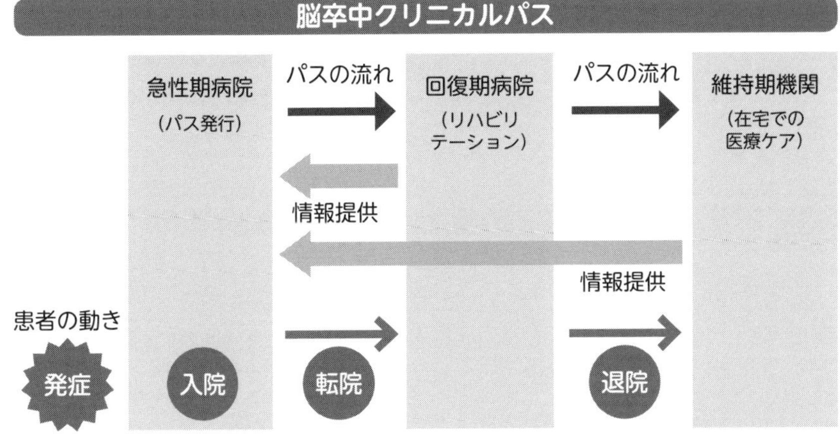

「脳卒中医療連携（クリニカルパス）」神奈川県 HP

回復期リハビリテーション病棟入院基準

	疾患	発症から入院までの期間	病棟に入院できる期間
1	脳血管疾患、脊髄損傷、頭部外傷、くも膜下出血のシャント手術後、脳腫瘍、脳炎、急性脳症、脊髄炎、多発性神経炎、多発性硬化症、腕神経叢損傷等の発症または手術後、義肢装着訓練を要する状態	2カ月以内	150日
	高次脳機能障害を伴った重症脳血管障害、重度の頸髄損傷および頭部外傷を含む多部位外傷		180日
2	大腿骨、骨盤、脊椎、股関節もしくは膝関節の骨折または二肢以上の多発骨折の発症後または手術後の状態	2カ月以内	90日
3	外科手術または肺炎等の治療時の安静により廃用症候群を有しており、手術後または発症後の状態	2カ月以内	90日
4	大腿骨、骨盤、脊椎、股関節または膝関節の神経、筋または靭帯損傷後の状態	1カ月以内	60日
5	股関節または膝関節の置換術後の状態	1カ月以内	90日

「個別事項（その5：リハビリテーション）」平成 29 年 10 月 25 日　中央社会保険医療協議会

医療ソーシャルワーカー

▶ 退院後のことはＭＳＷに相談する

不安なこと・退院後の相談は、地域医療連携室のMSWに

無事退院後、どうしたらよいか、経済的なことも含めて、不安は尽きません。そんなときは病院の地域医療連携室や医療福祉相談室の医療ソーシャルワーカー（ＭＳＷ）に相談するのがよいでしょう。医療ソーシャルワーカーがいない病院においては、看護師に相談してみましょう。

医療ソーシャルワーカー（MSW）とは？

医療ソーシャルワーカー（MSW）は、お金のこと、心理的な不安、仕事の問題などを調整・援助し、社会復帰の促進をサポートしてくれる人で、退院する患者と家族に、医療と福祉の橋渡しをする役割があります。場合によっては、行政と連携し、経済的な救援を行い、在宅介護が始められるよう動いてくれることもあります。例えば、退院に向け、介護保険申請の案内、ケアマネジャー、訪問看護師、訪問介護員と連携して、病院での情報が在宅介護のチームに提供できるよう調整してくれます。

退院後の行き先の相談が大きな仕事

退院後の行き先は、自宅に戻る、継続的な治療のできる地域の病院（地域包括ケア病棟）や在宅復帰支援の回復期リハビリ病院、長期療養型病院、安定して生活ができる施設へ移るなどがありますが、どこが適切か、転院先などを探すのが医療ソーシャルワーカーの大きな仕事の一つです。

医療ソーシャルワーカー（MSW）への相談例

・介護保険を申請したいのだが、いつ行えばよいか
・自宅で介護はできないので、施設を検討したい
・もう少し入院できる病院を探したい
・親の退院後、仕事と両立できるだろうか
・医療費が払えない
・退院しても、家の３階の部屋までの階段を登れない
・主治医の先生が怖くて、治療法の詳細を聞きたくても聞きにくいので教えてほしい
・義理の親との折り合いが悪いので、退院後の介護が不安

5 セカンドオピニオン

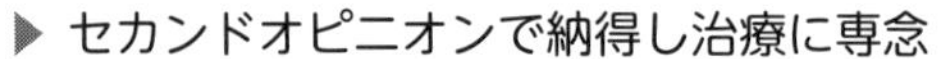

インフォームド・コンセントが定着

インフォームド・コンセントとは、治療を開始する前に、医師が患者や家族に診療の目的や内容について十分に説明し、患者や家族から同意を得ることをいいます。インフォームド・コンセントは医療訴訟が多いアメリカで重視されていましたが、日本でも定着してきています。特に、高齢の親の入院に際しては、家族も一緒に、身体状況、今後の治療法などの説明を受ける必要があります。丁寧にわかりやすい説明をしてくれる医療機関とは信頼関係が結べるので、安心して親の入院をサポートできます。

セカンドオピニオンとは？

医師の説明を受けても納得できない、別の治療法はないのか、本当にこれがベストな治療法なのか、迷うこともあります。納得のいく治療法を選択するために、現在診療を受けている担当医とは別の医療機関の医師に「第二の意見」を求めることを**セカンドオピニオン**といいます。

まずは、担当医に、セカンドオピニオンを受けたい旨を率直に話し、診療情報提供書（紹介状）と診療情報をもらいます。セカンドオピニオンを受けることで、病気や治療方針に対する理解が深まります。その治療法がベストだと確信できる場合や、また、別の治療法を提案されることもあります。その場合は選択肢が広がります。セカンドオピニオンをうまく使い、納得できる治療法を選択することで、前向きに治療に専念できます。

セカンドオピニオンを受ける前に知っておきたいこと

- 「セカンドオピニオン外来」という専門の診療科もある
- セカンドオピニオン外来では、新たな検査や治療は行わない
- 主治医の診療情報提供書（紹介状）が必要
- 医療過誤の照会、訴訟に関する相談はできない
- 民間の医療保険の中には、セカンドオピニオンを受けることができるサービスが付加されているものもある

6 入院の費用

▶ 差額ベッド代も考慮し計算

入院の費用を確認しておく

入院すると、入院基本料、治療費、食事代が必要です。その他、差額ベッド代、交通費、着替えや洗濯代なども考慮し、計算しておきます。

特別室を希望すると、差額ベッド代が必要

差額ベッド代は、正式には「**特別療養環境室料**」といい、入院時に希望して特別環境室（特別室）に入る際にかかる費用です。より良い医療を受けるために特別に支払うため、健康保険の対象外で全額自己負担です。

差額ベッド代というと個室料金と思いがちですが、必ずしも個室とは限りません。2～4人部屋でも差額ベッド代が必要な病院もあります。金額は病院により異なりますが、1日平均6,000円程度です。例えば、30日の入院では、差額ベッド代は18万円となります。

アメニティー代や交通費もチェック！

近年、入院中に使うパジャマ、タオル、歯ブラシ、コップ、ボディーソープなどはレンタルが増えてきました。洗濯が楽で助かりますが、アメニティー代として1日500円程度かかります。退院後に一括して請求書が届くので、入院が長期に及ぶと、まとまった金額になります。また、家族が病院に見舞いに行くための交通費も必要です。荷物の多いときや入退院時はタクシーを使うことも計算に入れておきましょう。

差額ベッド代

■特別療養環境室の条件

・１病室の病床数が４床以下であること
・病室の面積が一人当たり6.4㎡以上であること
・病床のプライバシーを確保するための設備があること
・少なくとも「個人用の私物の収納設備」、「個人用の照明」、「小机等および椅子」の設置があること

を満たしていることが条件です。

■病院が差額ベッド代を請求できないケース

・書面での同意がない
　同意書による同意の確認を取っていない場合
・治療上の都合
　治療上の必要により特別療養環境室に入院させる場合
・病院側の都合
　病棟管理の必要性等の理由で特別療養環境室に入院させた場合で、実質的に患者の選択によらない場合
　（感染症の場合、主治医等が他の入院患者の院内感染を防止するため、実質的に患者の選択によらず入院させたと認められる場合）

■差額ベッドを設置できるのは５割まで

差額ベッドを設置できるのは全ベッド数の５割（国が開設する病院は２割、地方公共団体が開設する病院は３割）までと決められています。

民間の医療保険・入院保険への連絡

▶ 加入している保険会社などへ請求

親が医療保険や医療特約に加入していないか確認する

親が医療保険や入院特約付きの終身保険などに加入していないか聞き出し、保険証券の保管場所も聞いて探し、請求できるかどうかを確認します。不明な場合は、心当たりの保険会社に電話で聞いてみましょう。

民間の医療保険請求の方法

親の入院、手術が保険金請求に該当する場合は、親本人が保険会社に電話で請求します。申告書類が送られてきますので記入します。また、医師の診断書が必要なので書いてもらいましょう。保険会社から送付された書類に、担当医が記入し、署名・捺印してもらうのが大半です。１通5,000円程度必要です。診断書を受け取ったら、申告書と一緒に保険会社に送付します。保険会社は、保険金給付支払いに該当するか否かの審査を行い、該当すれば、給付金が所定の口座に振り込まれます。なお、保険金の請求期間は、保険会社より請求書類が手元に届いてから３年以内です。

指定代理請求制度

保険金の請求は、親本人が行うのが基本ですが、重症の場合、判断力がなくなった場合などは、保険金請求ができないこともあります。受取人に代わって保険金の請求手続きを行うことができる「指定代理請求人」を事前に指定しておけるのが、「**指定代理請求制度**」です。

保険金請求の流れ

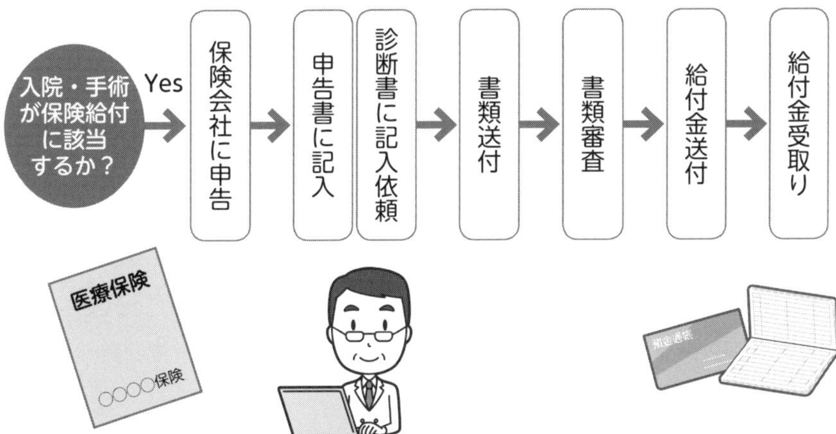

指定代理請求制度

◆指定できる代理人の範囲
・被保険者の配偶者
・被保険者の親
・被保険者の子（未成年は避ける）
・同居の親族
など、所定の親族が対象

◆請求できる保険金の種類
・入院給付金
・手術給付金
次のものは、保険会社により異なるので、確認が必要です。
・リビング・ニーズ特約保険金
・介護保険金（年金）
・満期保険金や個人年金（被保険者と受取人が同一の場合）

8 急性期病院からの退院・転院

▶ 退院は介護の始まり

急性期病院にはずっとはいられず、転院することもある

救急で入院したり、重症疾患の手術で入院するのは急性期病院です。看護師の数も多く、治療に特化した病院ですが、病状が回復し安定すると退院となります。２週間、１カ月という節目があり、長くても３カ月です。病院が受け取れる診療報酬は段階的に引き下げられる仕組みのためで、一通りの治療が終われば退院・転院という流れになっているのです。

退院しても、自宅での日常生活は難しいケースも多い

若いときと異なり、高齢になると、一通りの治療が終わったので退院してくださいといわれても、すぐに日常生活に復帰することが難しいケースがあります。何日間もの入院により筋力が衰え、トイレまで行けないなど日常生活レベルが落ちると、適切なリハビリが必要になります。

急性期病院からの退院は、介護のスタート！

急性期病院からの退院は介護の始まりとなるケースがありますが、家族の介護力があれは、自宅に戻るのが基本です。しかし、症状によっては、日常生活復帰には集中的なリハビリが必要で、回復期リハビリ病院へ転院するケースもあります。また、もう少し入院が必要なら、地域包括ケア病棟という新しい類型の病院へ転院、療養を検討するなら介護医療院へという選択肢もあります。医療ソーシャルワーカーに相談しましょう。

退院前カンファレンス

病院での入院治療を終え、自宅での治療を希望する場合、病院での主治医と在宅療養の主治医との間で、患者の病態や状況について情報を共有するために、**退院前カンファレンス**が行われます。

病院の医師、病棟の看護師、リハビリスタッフ、医療ソーシャルワーカー、薬剤師、栄養士などの病院内スタッフと、在宅療養支援診療所の医師、訪問看護師、ケアマネジャーなど地域の関係者が参加して、多くは病院で行われます。情報共有することで、退院後のスムーズな在宅介護につながるだけでなく、患者本人や家族が、在宅での医療・看護・介護関係者を信頼して安心して過ごせるような橋渡しの役割もあります。

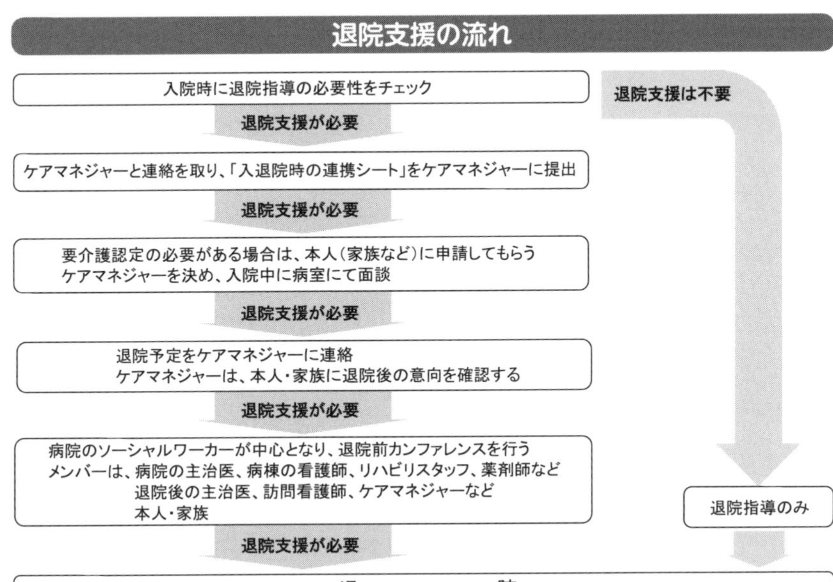

入院から退院後の転院、入所・入居先

退院後は自宅に戻れるケースばかりではありません。症状により回復期リハビリ病院や地域ケア病棟へ転院、また、状況によっては介護施設へ入所・入居のケースも増えています。次ページをご覧ください。

◆ 高齢期の親が入院！◆
⇒急性期病院を退院 その後の主な転院・転居の流れ

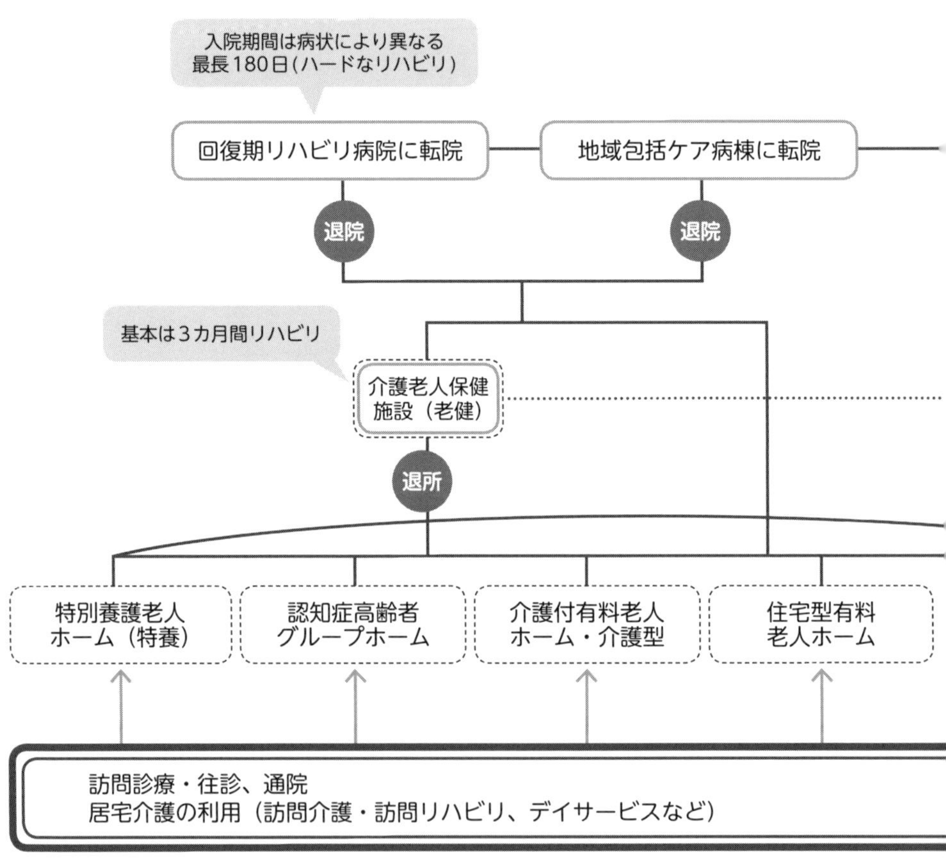

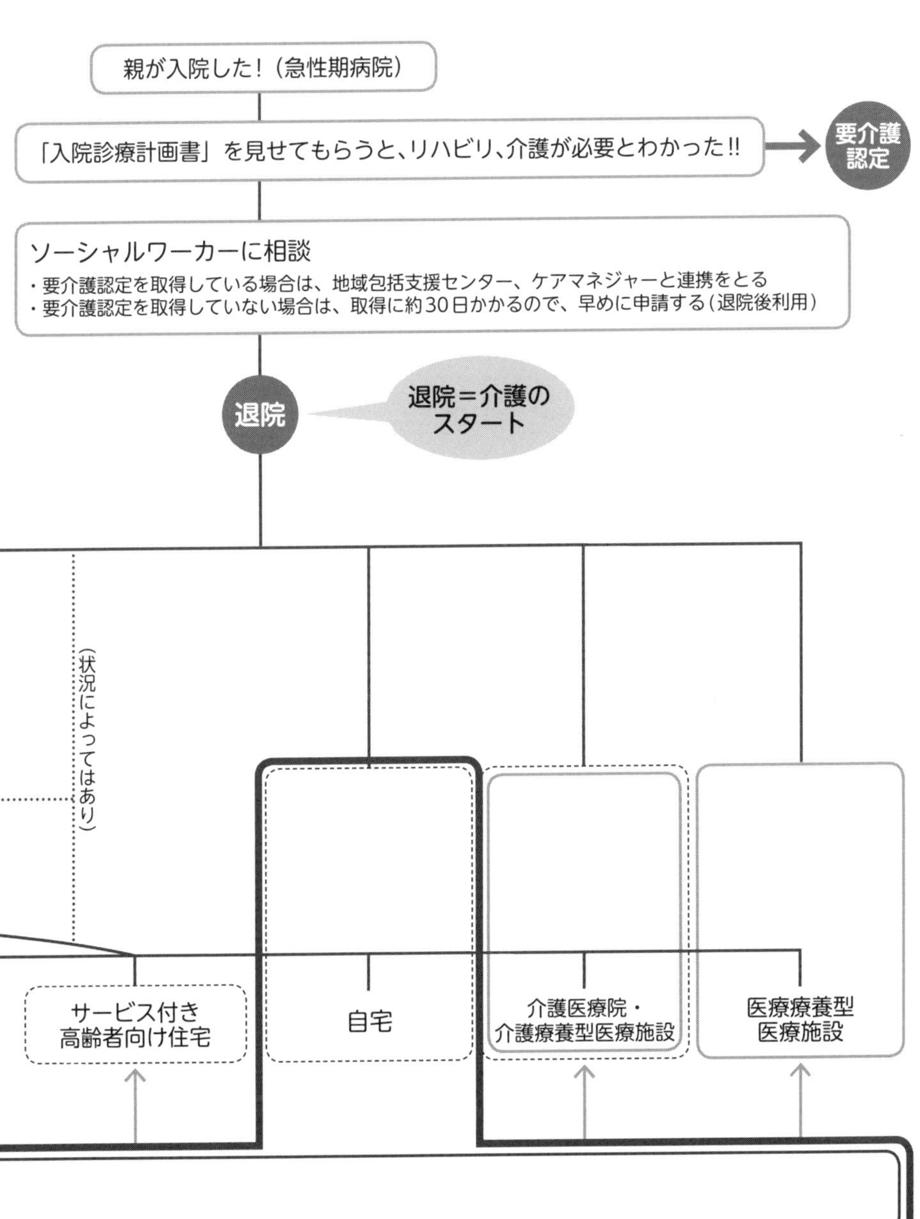

※自宅に戻ってから↑への入所・入居はあり

第5章 親が入院・自分が入院

9 高額療養費制度

▶ 入院しても高額療養費制度で費用軽減

高額療養費制度とは

高額療養費制度とは、医療費の負担が重くならないよう、医療機関や薬局の窓口で支払う1カ月の医療費がそれぞれの人の自己負担額を超えた場合、その超過分が支給される制度です。自己負担額は、70歳未満か70歳以上かで異なり、また所得によっても異なります。

高額療養費制度における注意点は？

高額療養費制度における自己負担限度額は､前年（1月から7月までは前々年）の所得で判定されます。支給においては医療費が「1カ月」ごとに計算されますが､月初から月末までの「歴月」です。緊急でなく入院日を選べる場合は、月初めから入院するほうが有利な場合があります。

なお、同一世帯で1年間（直近12カ月）に3カ月以上高額療養費が支給されていると、4カ月目以降自己負担額がさらに軽減されたり、世帯単位で自己負担額を合算可能な場合もありますので、確認が必要です。

高額療養費制度の対象外となるものは？

入院時の費用のすべてが高額療養費制度の対象となるわけではありません。入院中の食事代や差額ベッド代、先進医療費、病院への交通費等は対象外で、全額自己負担です。高齢期の入院は、病状によっては個室が必要な場合もありますので、差額ベッド代を準備しておくと安心です。

医療費の一部負担（自己負担）割合について

	一般・低所得者	現役並み所得者
75歳	1割負担	3割負担
70歳	2割負担 ※平成26年4月以降70歳になる人から	
6歳（義務教育就学前）	3割負担	
	2割負担	

厚生労働省 HP

高額療養費制度による自己負担額

＜例＞70歳未満、年収約370～約770万円の人
100万円の医療費で、窓口の負担（3割）が30万円かかる場合

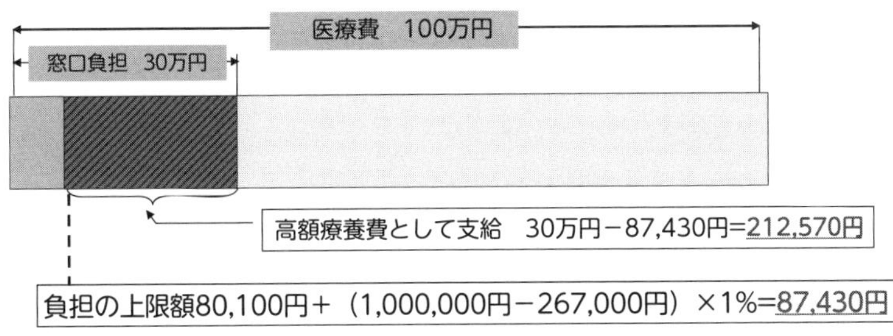

212,570円が高額療養費として支給され、実際の自己負担額は87,430円となります。

「高額療養費を利用される皆さまへ」「高額療養費制度とは、こんな制度です」（厚生労働省保険局）を基に作成（一部修正）

限度額適用認定証

▶ 事前申請で自己負担限度額分までで OK！

限度額適用認定証とは

高額療養費制度は、以前は入院医療費の立て替えが必要で、高額療養費支給申請書を提出して還付を受けるため、手続きに時間がかかるのが難点でした。「**限度額適用認定証**」の制度ができたことで、事前に申請しておけば自己負担分の支払いだけで済み、便利になりました。特に、退院後の申請が困難な独居の人や老老夫婦には助かります。

年齢により、限度額適用認定証の申請が異なる

70歳未満で医療費が高額になりそうなときは、各健康保険に申請して「限度額適用認定証」を取得し病院の窓口に提出しておけば、自己負担限度額の支払いだけで済みます。

70歳以上の場合は、所得区分により限度額適用認定証の申請が必要、不要に分かれます。所得区分が一般、現役並みⅢ（※１）に該当する人は、限度額適用認定証の提示は不要ですが、現役並みⅠ、Ⅱ（※２）に該当する人は必要です。低所得者に該当する人は「限度額適用・標準負担額減額認定証」を申請します。なお、70歳になると、自己負担割合が記載された「高齢受給者証」が交付されます。限度額適用認定証の申請が不要のケースでは、健康保険証と高齢受給者証を窓口に提示して受診します。

75歳の誕生日当日以降は、後期高齢者医療制度に移行します。誕生日前に、それぞれの人の自宅に被保険者証が郵送されてきます。

まずは、どの区分に属するのか、限度額適用認定証の申請は必要かど

うかを、確認しておきましょう。

※１　現役並みⅢは標準報酬月額83万円以上。高齢受給者証の負担割合が３割の人で、限度額適用認定証は発行されません。

※２　現役並みⅠは標準報酬月額28～50万円、現役並みⅡは標準報酬月額53～79万円。ともに高齢受給者証の負担割合が３割の人です。

窓口の支払いを自己負担限度額にするための各種交付証（入院の場合）

	70歳未満	70～75歳未満	75歳以上
現役並みⅢ	限度額適用認定証	高齢受給者証	後期高齢者医療被保険者証
現役並みⅠ、Ⅱ		限度額認定適用認定証 高齢受給者証	限度額適用認定証 後期高齢者医療被保険者証
一般		高齢受給者証	後期高齢者医療被保険者証
低所得者	限度額適用・標準負担額減額認定証		

※健康保険証はすべてにおいて必要

緩和ケア.net

限度額適用認定証を利用する流れ

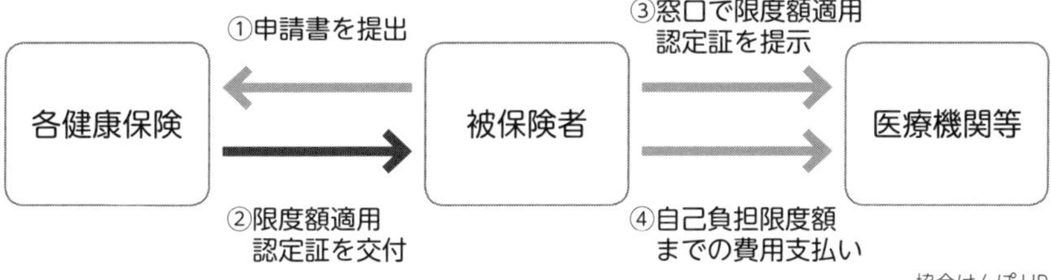

協会けんぽHP

限度額適用認定証

健康保険限度額適用認定証					
		令和　年　月　日交付			
被保険者	記号		番号		
	氏名				男女
	生年月日	大正・昭和・平成　年　月　日			
適用対象者	氏名	見本			男女
	生年月日	昭和・平成　年　月　日			
	住所				
発効年月日		令和　年　月　日			
有効期限		令和　年　月　日			
適用区分					
保険者	所在地				
	保険者番号 名称及び印				

第6章

知っておきたい制度etc.

1 高額介護サービス費制度

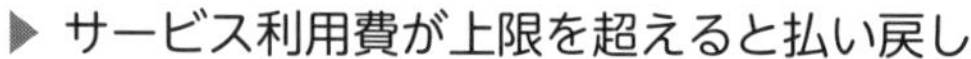

高額介護サービス費制度とは

高額介護サービス費制度とは、公的介護保険を利用し自己負担額が１カ月の限度額を超えたとき、申請により払い戻される制度です。国の制度に基づき各市町村が実施しており、個人の所得や世帯の所得に応じた上限があります。在宅サービスや施設サービスの利用にかかった金額の１割・２割・３割の自己負担分が対象です。施設における居住費や食費、介護保険の給付対象外の利用者負担分、支給限度額を超え全額自己負担となる利用者負担分、特定福祉用具購入、住宅改修の自己負担分は含まれません。

申請は一度だけ。それ以降は自動的に振り込まれる

高額介護サービス費の支給対象となる人には、サービスを利用した３カ月後（例えば対象月が４月なら７月）の上旬に「申請のお知らせ」が届きます。それを持って居住地の役所の担当課で、振込口座の登録などの申請手続きをします。一度申請すればそれ以降、超過した月には超過分が自動的に振り込まれます。

支給限度額内での介護サービス利用の上限は44,400円

１カ月に自己負担する介護保険サービス利用料は、所得に応じて上限が定められています。同世帯に複数の介護サービス利用者がいる場合は、

原則、世帯の自己負担額でみていきます。詳細は次表のとおりです。

高額介護サービス費における限度額（月額）

所得の段階区分		世帯の限度額
（1）現役並み所得者（課税所得145万円以上）		44,400円
（2）一般の所得者［（1）、（3）～（5）に該当しないもの］		44,400円
（3）住民税非課税者		24,600円
	（4）うち課税年金収入額＋合計所得金額が80万円以下	個人15,000円
	（5）うち老齢福祉年金受給者など	

（注）課税所得145万円とは住民税の課税所得で、基礎控除や配偶者控除など各種の所得控除を差し引いた後の金額です。

生命保険文化センター HP

高額医療・高額介護合算療養費制度

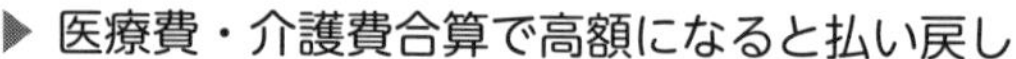

▶ 医療費・介護費合算で高額になると払い戻し

高額医療・高額介護合算療養費制度とは

高額医療・高額介護合算療養費制度とは、医療保険と介護保険における1年間（8月1日～7月31日）の自己負担額の合算額が所得区分に応じた限度額を超えた場合に、申請により超過分が支給される制度です。自己負担額には、食費、居住費、差額ベッド代などは含まれません。

申請対象者と申請方法

申請の対象者となるのは、医療保険および介護保険の両方に自己負担額がある世帯で、どちらか一方の負担のみの世帯は該当しません。また、世帯の単位は加入している医療保険制度ごとになります。そのため、同一世帯であっても、一方が国民健康保険、一方は75歳以上で後期高齢者医療保険制度に加入している夫婦の場合は、合算の対象とはなりません。また、支給限度額を超えた額が500円以下の場合は支給されません。

申請の対象となる場合は、役所の担当課から申請の通知が届きます。申請には健康保険証、介護保険被保険者証、印鑑、通帳など振込先口座番号のわかるものを持参します。

制度が利用できそうなのはどんなケース？

この制度は、高額療養費制度と高額介護サービス費制度を利用した後の自己負担額がさらに補填される優れものです。例えば、高齢者夫婦において、一方が有料老人ホーム入居中で、もう一方が長期間病院に入院したような場合には利用できる可能性があります。

高額医療・高額介護合算療養費制度における限度額（年額）

区分 月収：会社員や公務員など 総所得金額：自営業者や年金で暮らす人など	公的介護保険＋公的医療保険		
	70歳未満を含む世帯	70歳～74歳のみの世帯	75歳以上の世帯
① 月　　収：28万円未満 総所得金額：210万円以下	60万円	公的医療保険の一般所得者 56万円	
② 月　　収：28万円以上53万円未満 総所得金額：210万円超600万円以下	67万円	公的医療保険の現役並み所得者 67万円	
③ 月　　収：53万円以上83万円未満 総所得金額：600万円超901万円以下	141万円	公的医療保険の現役並み所得者 141万円	
④ 月　　収：83万円以上 総所得金額：901万円超	212万円	公的医療保険の現役並み所得者 212万円	
⑤ 住民税非課税者	34万円	31万円	
⑥ 70歳以上で収入が年金のみの場合、1人暮らしで約80万円以下、2人世帯で約160万円以下等		19万円※	

※公的介護保険の自己負担がある人が世帯内に複数いる場合は 31万円です。
なお、月収は月々の保険料計算のもとになる「標準報酬月額」を指します。総所得金額は基礎控除後の金額の世帯合計です。

生命保険文化センター HP

(高額医療・高額介護合算療養費制度のイメージ)

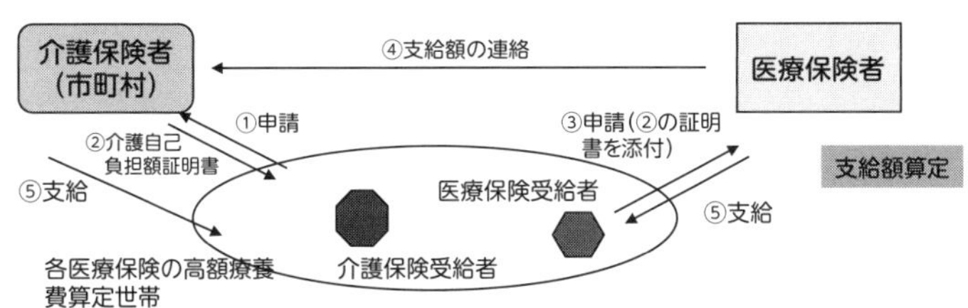

「高額医療・高額介護合算療養費制度について」概要資料　厚生労働省 HP

施設における医療保険と介護保険からの給付調整

▶ 施設で受ける医療サービス費の出所を確認

高齢期は医療と介護の両方が必要

高齢期になると、介護だけでなく多くの場合、医療も必要になってきます。介護施設は医療機関ではないため、積極的に治すような医療は受けられません。医師や看護師がいて、頭痛、腹痛、風邪程度の医療対応が基本ですが、胃ろうや昼間だけのインシュリンは多くの介護施設で対応可能です。しかし、たんの吸引、気管切開、中心静脈栄養（ＩＶＨ）、床ずれ（褥瘡）などの医療対応が必要な場合は、夜間看護師常駐の施設であることが必要で、これから入所・入居する場合は受入れ可能かどうかの確認が必要です。特定施設入居者生活介護の指定施設では、看護師の配置が義務付けられています。近年、住宅型有料老人ホームやサービス付き高齢者向け住宅でも、自主的に看護職員を常駐させているところが増えています。

老人保健施設（老健）における給付

老健は医師と看護師がいて、自宅と病院の中間施設といわれています。老健入所中は、頭痛、腹痛、風邪程度の医療対応は介護保険の基本施設サービス費に包括されているため、医療保険からは給付されません。

特別養護老人ホーム（特養）における給付

特養は、入所者に対し、健康管理および療養上の指導を行うために必要な数の医師を配置することとされており、配置医師の医療行為は、介護保険と医療保険で調整の上、評価されています。外部医師については、緊急時、配置医師の専門外の傷病、末期の悪性腫瘍の看取りの場合は診察することができるとされています。それ以外は退所し、病院で治療を受けます。

介護保険3施設における医療保険と介護保険からの給付調整

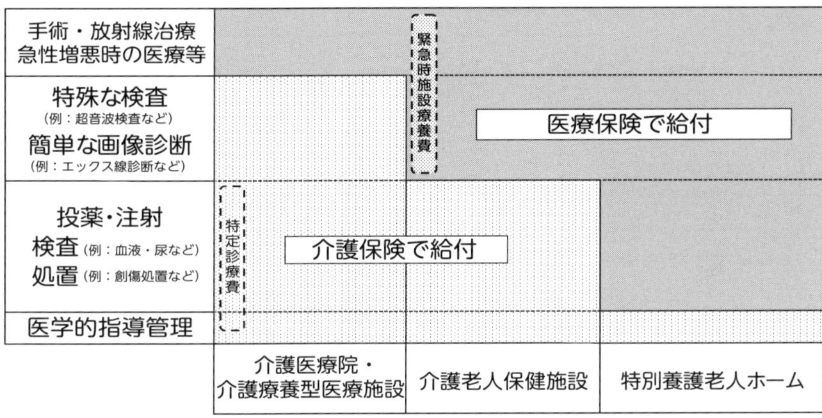

（※）上図はイメージ（例えば、簡単な手術については介護老人保健施設サービス費に包括されている）。

「介護サービス利用者に対する医療提供のあり方について」（厚生労働省）

ターミナルケア

▶ 在宅療養支援診療所と訪問看護が頼り

ターミナルケアとは

ターミナルは「終末期」を意味し、**ターミナルケア**は死を目前にした人が残りの時間を自分らしく過ごし、満足して最期を迎えられるように行う医療やケアをいいます。治療による延命より、病気の症状などによる苦痛や不快感を緩和し、精神的な平穏や残された生活の充実を優先させます。ターミナルケアに、がん患者らの苦痛を緩和しながら治療も並行して行うのが**緩和ケア**で、ターミナルケアは緩和ケアの一部といえます。緩和ケア病棟が**ホスピス**といわれ、緩和ケア専門の病棟です。

ターミナルケアの内容

ターミナルケアは、投薬などにより痛みなどの症状を緩和する身体的ケア、リラックスできるような精神的ケア、費用などの負担を取り除く社会的ケアに分けられます。身体的ケアは医療従事者が、精神的ケアや社会的ケアは主に家族や医療従事者、専門家が担います。

在宅療養支援診療所

在宅で延命治療を希望しないターミナルケアは、本人と家族の安らぎになると同時に、家族の負担も発生します。医療においては、在宅療養支援診療所の医師に定期的な訪問診療と随時の往診をしてもらい、主治医の訪問看護指示書に基づき訪問看護師に医療ケアをお願いします。

在宅におけるターミナルケアのイメージ図

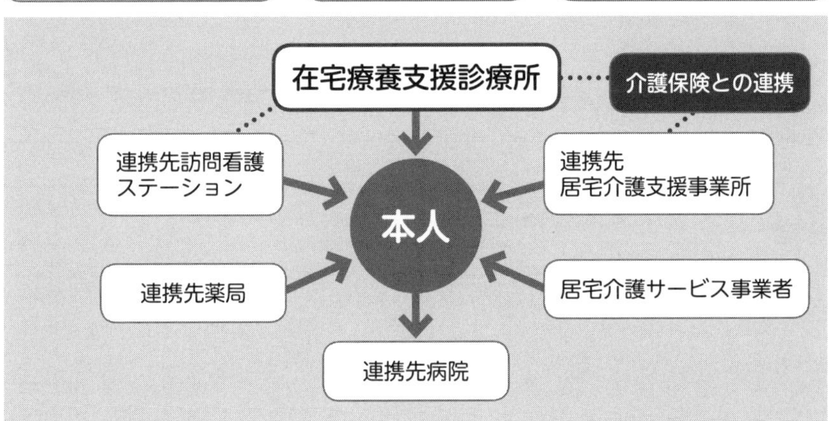

在宅医療の提供体制に求められる医療機能

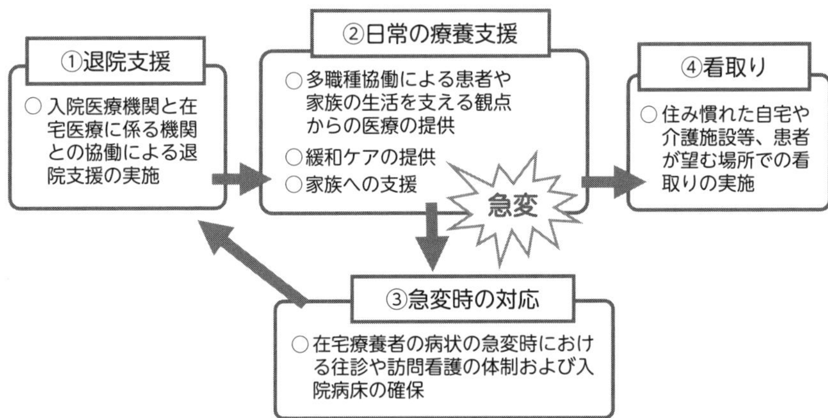

【参考】 厚生労働省　第７次医療計画における在宅医療に関する取組の策定状況について
第４回在宅医療及び医療・介護連携に関するＷＧ　平成30年5月23日　資料

5 グリーフケア

▶ 周りの人へのケアは傾聴が基本

グリーフケアとは

グリーフケア（遺族ケア）とは、身近な人と死別して悲嘆に暮れる人がその悲しみから立ち直れるよう、側にいて支援することをいいます。**グリーフ（深い悲しみ）**は、身体、感情、行動などに影響を及ぼし、睡眠障害、動悸、血圧上昇、怒り、罪責感、無力感、不安や恐怖、引きこもり等を引き起こすことがあります。

グリーフケアの体制

グリーフを無理なくスムーズに乗り越えるためには、悲しみの感情をじっくり聴いて受け止める傾聴が基本です。傾聴者は自分の価値観や判断を押し付けず、また安易に励まさずに相手を受容します。亡くなった人と自分の関係を理解していた人に、思いを聴いてもらい、悲しみや辛さを共感してもらうことで心がやわらぎ、癒されます。

訪問看護ステーションにおける遺族ケアの実態

自宅等で最期を迎えた人の家族への遺族ケアは、継続的な関係性を培ってきた訪問看護師によるものが効果的です。『訪問看護ステーションにおける遺族ケアに関する全国調査』（2014年８月）によると、遺族ケアの実施方法において「自宅訪問」は91.4％が実施しており、実施内容では「ねぎらいの言葉をかける」が73.6％、「家族の思いを傾聴する」が

71.6%です。

グリーフケア（患者が亡くなった後の家族の悲しみに対する対応）の体制

介護老人福祉施設では約6割、病院では約3割でグリーフケアの体制が整備されている。

■はい　□いいえ　□わからない　■無回答

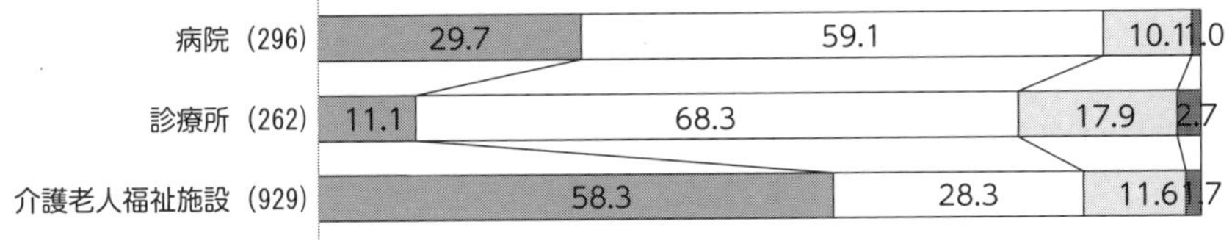

「人生の最終段階における医療に関する意識調査」平成 26 年 3 月発表　厚生労働省

グリーフケアの住民への委託

医療介護専門職の減少・不足から、
残された家族への
グリーフケアが行われていない傾向がある
今後の方向性の一つとして

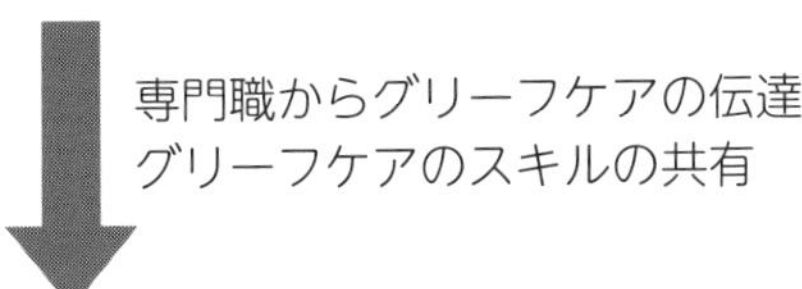

グリーフケアの住民への委託

6 エンディングノート

▶ エンディングノートで早めに老い支度

エンディングノートとは

エンディングノートとは、自分のこれまでを振り返り、終末期や死後にこうしてほしいという自分の希望を家族に伝えるためのノートです。遺言書のような法的拘束力はありません。親しい人へのメッセージ、大切な人への感謝の気持ちを書き留めておくなど、使い方は自由です。

エンディングノートは3つのパートに分けて書く

エンディングノートは、**ライフプラン、資産、ラストプラン**の３つに分けられます。ライフプランのページには、「もしも」のときに連絡してほしい人のリストを記入します。資産のページでは、資産一覧表の作成により資産を把握しやすくなります。ラストプランのページでは、終末期医療、介護、延命治療の考え方、葬式、お墓の備えや希望を記します。

エンディングノートの効能

地震や火災などの非常時にエンディングノートを持って避難すれば、緊急時の連絡に役立ちます。緊急入院においても、生年月日、血液型、既往症が伝わります。認知症になった場合、介護施設の職員がノートを見ることで、本人の好きなこと、故郷や思い出の土地を知り、話題とすることで会話がはずみます。エンディングノートの記載項目には個人情報も多いため保管には十分に気をつけ、情報更新もしていきます。

エンディングノートの作成・活用

～残されるものへの“愛のメッセージ”～
引継ぎ人に、想いを伝える

1. ライフプランのページ

自分の歴史とこれからの予定
親せき、友人、知人の名簿……“もしも”の時に連絡してほしい人のリスト
かかりつけ医や服用している薬　など

2. 資産のページ

預貯金、株式、保険etc.の一覧表、年金記録、不動産の一覧表
借入金、クレジットカード一覧、貸金庫　など

3. ラストプランのページ

終末期の医療、介護の希望……告知、延命治療、尊厳死
健康保険証、介護保険被保険者証のコピー、入院セットの準備
葬式、お墓の希望……生前予約の有無、棺に入れてほしいもの、遺影写真
相続、遺言……公正証書遺言etc.の有無　など

「〝もしも〟のとき、連絡してほしい人」リスト

≪連絡してほしい人≫

		氏名	住所	連絡先（電話・メール）	関係・団体名 どこで知り合ったか
1	◎	品川花子	品川区……	03……	東京都のボランティア活動
2		目黒幸子	目黒区……	03……	〃
3	◎	中野大	中野区……	03……	従兄
4		太田舞	大田区……	03……	従妹
5					

（※）連絡のキーパーソンとなる人には◎を付け、グループ化しておくと便利です。

成年後見制度

▶ 認知症の人の権利と財産を守る

成年後見制度とは

成年後見制度とは、認知症、知的障害、精神障害などにより判断能力が不十分な人の財産を管理し、契約など法的な面から日常生活を守る制度です。守る立場の人を**成年後見人**、守られる立場の人を**成年被後見人**といいます。成年後見人の仕事は、成年被後見人の生活や療養に関する身上監護と、預貯金や不動産などを、取引も含め安全に管理する財産管理です。成年後見制度には、**法定後見制度**と**任意後見制度**があります。

法定後見制度

法定後見制度では、既に判断能力が不十分な状態になっている本人や家族などが家庭裁判所に申立てを行います。家庭裁判所は成年後見人候補者が適切かどうかを判断し、的確に仕事が行われているかをチェックする成年後見監督人の選任も行います。法定後見制度は、守られる人の判断能力の度合いにより**後見・保佐・補助**に分かれます。なお、法定後見人等には、代理権、同意権、取消権などの権限が与えられています。

任意後見制度

任意後見制度は、将来認知症などにより判断能力が不十分になる場合に備えて、予め選んだ代理人（**任意後見人**）に、自分の生活、療養看護、財産管理に関する事務代理権を与える契約（任意後見契約）を、公正証書で結んでおく仕組みです。任意後見契約は、親族などが任意後見監督人選定の申立てを行い、任意後見監督人が選定され、発効となります。なお、任意後見人には取消権はありません。

成年後見制度３類型の比較

	後見	保佐	補助
対象となる人	判断能力が欠けているのが通常の状態の人	判断能力が著しく不十分な人	判断能力が不十分な人
申立てができる人	本人、配偶者、四親等内の親族、検察官、市区町村長など	本人、配偶者、四親等内の親族、検察官、市区町村長など	本人、配偶者、四親等内の親族、検察官、市区町村長など
本人	成年被後見人	被保佐人	被補助人
保護者	成年後見人	保佐人	補助人
監督人	成年後見監督人	保佐監督人	補助監督人
成年後見人・保佐人・補助人の同意が必要な行為		借金、訴訟、相続の承認・放棄、新築、改築、増築等（日常生活に関する行為は除外）	申立ての範囲内で家庭裁判所が審判で定める特定の法律行為
取消しが可能な行為	日常生活に関する行為以外の行為	同上	同上
成年後見人等に与えられる代理権の範囲	財産に関するすべての法律行為	家庭裁判所が審判で定める特定の法律行為	家庭裁判所が審判で定める特定の法律行為

任意後見制度　～契約から効力発効まで～

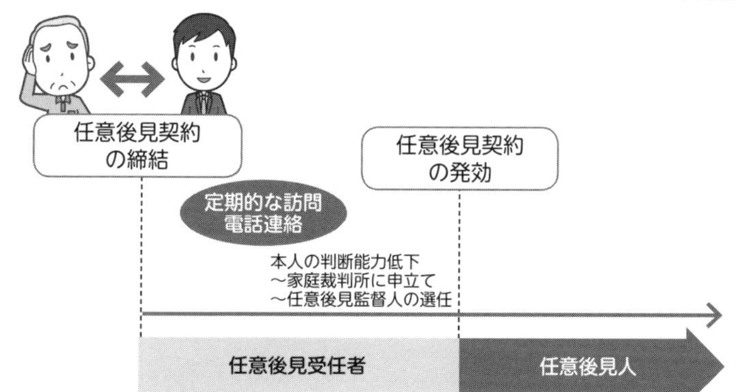

任意後見契約と共に締結されることが多いものには
・見守り契約
・財産管理契約
・死後事務委任契約

任意後見契約が解除された場合、任意後見人が不正等で解任された場合、本人または任意後見人の死亡や法定後見が開始された場合等に、任意後見契約は終了する

8 遺言書

▶ 公正証書遺言が確実

遺言書の種類

遺言書には**自筆証書遺言**、**秘密証書遺言**、**公正証書遺言**の３種類があります。簡単に書けるのは自筆証書遺言ですが、作成にはルールがあり、要件や形式に不備があると無効になります。財産目録だけはパソコンやワープロでの作成も可ですが､他は日付や名前などすべて自筆､押印（実印が望ましい）し、加除訂正は所定の方法で行い、あいまいな表現は避け、不動産は登記簿どおりに正確に記載します。遺留分にも配慮し作成します。そして、遺言による遺産分割をスムーズに進めるために、遺言書で遺言執行者を指定します。自筆証書遺言を公証役場で預かってもらえる保管制度もできました。遺族は自筆証書遺言を発見したら、遅滞なく家庭裁判所へ検認の申立てを行います。

なお、2020年７月より、法務局による自筆証書遺言の保管制度が始まりました。法務局に保管されている自筆証書遺言書については、検認手続きは不要です。

公正証書遺言は確実

公正証書遺言は、公証役場で公証人に作成してもらう遺言のことです。２名の証人の立ち合いの下で、遺言者が公証人に対して遺言の趣旨を口授し、その内容を公証人が筆記し、遺言者と証人が筆記した内容の正確なことを承認した後、遺言者と証人がそれぞれ署名押印します。これを公証人が民法の定める方式に従って作成したものである旨を付記し、署名押印して作成します。そのため、自筆証書遺言より確実です。作成費用は財産の価額により異なります。

遺言書の効能

遺言は法定相続より優先されるため、被相続人が死亡すると、まず遺言書を探します。しかし、相続人全員が同意した場合は、遺言書はなかったこととすること、また、異なる分け方で遺産分割協議書を作成することも可能です。

家庭裁判所への自筆証書遺言検認の申立書

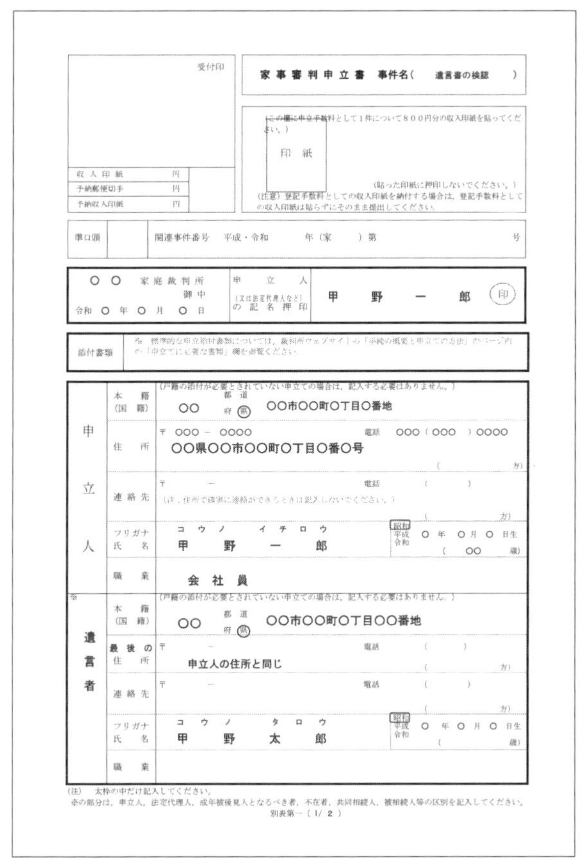

受付印	家 事 審 判 申 立 書　事件名（　遺言書の検認　）
収入印紙　円 予納郵便切手　円 予納収入印紙　円	（この欄に申立手数料として1件について８００円分の収入印紙を貼ってください。） 印　紙 （貼った印紙に押印しないでください。） （注意）登記手数料としての収入印紙を納付する場合は，登記手数料としての収入印紙は貼らずにそのまま提出してください。

準口頭		関連事件番号　平成・令和　　年（家　　）第　　　号

○○　家庭裁判所 御中 令和 ○ 年 ○ 月 ○ 日	申 立 人 （又は法定代理人など） の 記 名 押 印	甲　野　一　郎　㊞

添付書類	※ 標準的な申立添付書類については，裁判所ウェブサイトの「手続の概要と申立ての方法」のページ内の「申立てに必要な書類」欄を御覧ください。

申立人	本籍（国籍）	（戸籍の添付が必要とされていない申立ての場合は，記入する必要はありません。） ○○　都 道 府 ㊅　○○市○○町○丁目○番地
	住所	〒 ○○○ － ○○○○　電話 ○○○（○○○）○○○○ ○○県○○市○○町○丁目○番○号 （　　方）
	連絡先	〒　－　電話（　） （注：住所で確実に連絡ができるときは記入しないでください。） （　　方）
	フリガナ 氏名	コウノ　イチロウ 甲野　一郎　　昭和（○囲み）/平成/令和 ○ 年 ○ 月 ○ 日生（ ○○ 歳）
	職業	会社員
※ 遺言者	本籍（国籍）	（戸籍の添付が必要とされていない申立ての場合は，記入する必要はありません。） ○○　都 道 府 ㊅　○○市○○町○丁目○○番地
	最後の住所	〒　－　電話（　） 申立人の住所と同じ （　　方）
	連絡先	〒　－　電話（　） （　　方）
	フリガナ 氏名	コウノ　タロウ 甲野　太郎　　昭和（○囲み）/平成/令和 ○ 年 ○ 月 ○ 日生（　　歳）
	職業	

（注）　太枠の中だけ記入してください。
※の部分は，申立人，法定代理人，成年被後見人となるべき者，不在者，共同相続人，被相続人等の区別を記入してください。
別表第一（1/2）

9 遺言信託・遺言代用信託

▶ 信託銀行の遺言サービスもチェック

遺言信託

遺言信託とは、信託銀行が遺言の作成サポート、遺言保管、遺言執行をパッケージ化したサービスです。遺言書は公証役場で作成すると安く済みますが、信託銀行の方が使いやすいケースもあるでしょう。遺言信託にかかる費用は信託銀行ごと、相続財産ごとに異なりますが、契約時に数十万円、保管料は年額数千円、遺言執行は100万円程度かかります。

遺言代用信託

遺言代用信託とは、信託銀行に財産を信託し、管理してもらうサービスのことです。委託者（本人）と受託者（信託銀行）が信託契約を締結し、金銭を信託します。信託銀行は本人（委託者）が死亡すると、指定の受益者（遺族など）に指定金額を渡します。子どもに数十年間の年金方式で渡したい、複数の相続人に同額で分けたいなど、自由に設定できます。財産の一部だけ信託することも可能ですが、遺留分（一定の相続人に与えられた相続財産の最低取得割合で、贈与や遺贈によっても侵害することのできない権利のこと）には配慮が必要です。

遺言代用信託のメリット

通常の相続では、遺産分割協議が完了するまでお金を引き出すことができません。しかし、遺言代用信託は死亡診断書、通帳、印鑑、本人確認書類などがあればすぐに引き出せるので、受益者となる相続人は生活資金に困らずに済みます。信託金額は100万円以上で利用できます。

遺言信託の仕組み

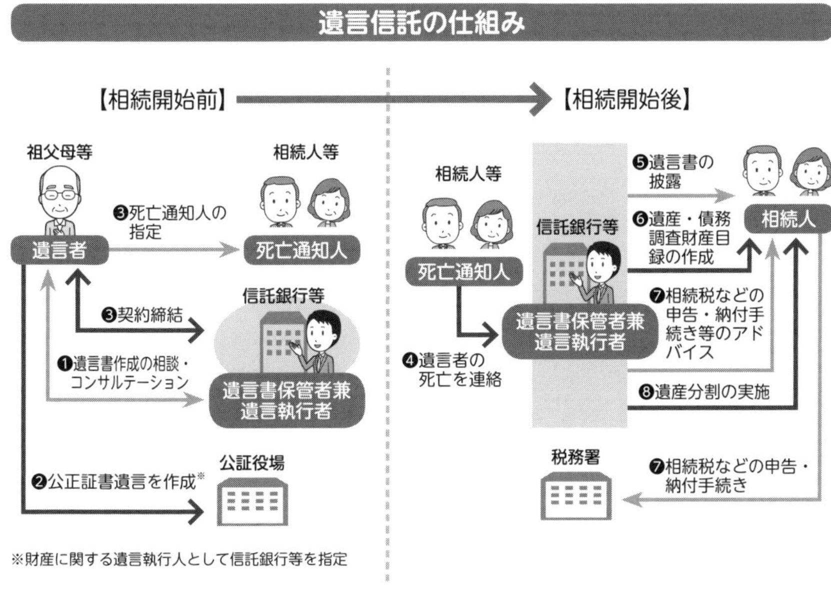

「遺言信託　お手続きの流れ」一般社団法人 信託協会

遺言代用信託の仕組み

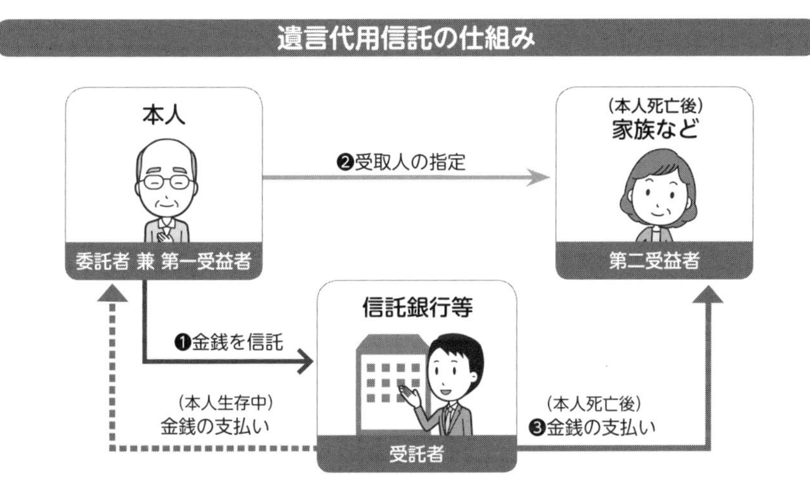

「遺言代用信託」リーフレット（一般社団法人 信託協会）より

家族信託

▶ 信頼できる家族に財産管理を託す

家族信託とは

家族信託とは、不動産や預貯金などの資産を所有する人が、老後生活や介護に必要な資金の管理・処分・給付を、信頼できる家族や親族に託す仕組みです。資産を所有する委託者（高齢の親など）が、信頼できる家族の一人を受託者（子供など）と指定し、財産を委託します。受託者は定められた目的に従って財産を管理・運用・処分します。運用・処分によって得た財産や利益は受益者（委託者本人、もしくは子や孫など）が受け取ります。なお、信託監督人を定めることもできます。

認知症になる前に家族信託を設定しておく

認知症になると契約行為が困難になります。認知症に備え、事前に家族信託を設定しておくことで、思うような財産の管理が可能になります。

認知症対策以外の家族信託のメリット・デメリット

認知症対策以外のメリットの代表は破産回避です。信託した後に委託者が破産しても、信託財産は差し押さえの対象になりません。また、受託者が破産した場合も、信託財産は差し押さえられません。さらに、信託契約により、受益者が死亡した場合に備えて、次の受益者を指定しておけるという二次相続を想定した相続対策を講じられるのも、家族信託のメリットです。しかし、初期費用が高い、損益通算ができない、税務申告に手間がかかるなどのデメリットもあります。家族信託を使うのが適切なのかを専門家に相談し、十分に検討しましょう。

（母）　（長男）　（長女）

古くなった自宅兼賃貸アパートに、86歳母親と60歳長男が住んでいる。母親は弱ってきている。いずれ建替えが必要と、近くに住む57歳長女と3人で合意している。

⇒⇒⇒【家族信託】を設定
・委託者：母親
・受託者：長男
・受益者：母親、母親死亡後は長男と長女

⇒⇒⇒
母親が認知症になっても、アパートの管理を継続。建替えも可能に。

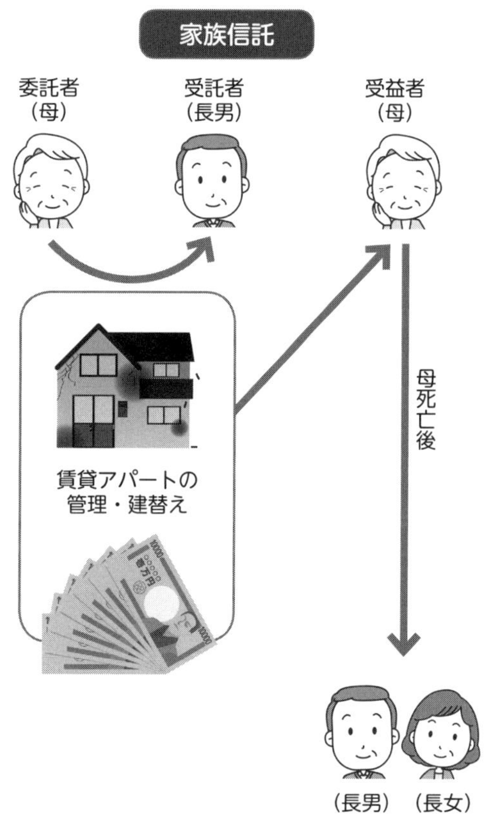

介護休業制度・介護休暇制度

▶ 仕事と介護を両立できる体制を整える

介護離職は避けたい

介護のために仕事を辞める人は年間約10万人います。仕事を辞めると収入は途絶え、将来の年金額も増えません。仕事を辞めずに済む、仕事と介護の両立支援制度を確認し、上手に使って乗り越えましょう。

介護休業制度

介護休業制度とは、労働者が２週間以上の期間にわたり、常時介護を必要とする状態にある対象家族（※）を介護するために、一定期間休業することができる制度です。適切な介護サービスなどを探し、介護と仕事を両立させるための準備期間になります。「育児･介護休業法」で定められており、事業主は介護休業の申出を拒否することはできません。申出は対象家族一人につき３回まで、合計93日間取得でき、介護休業中の賃金の支給額は給料の67%です。

（※）事実婚を含む配偶者、実父母、配偶者の父母、子、これらに準ずるものとして祖父母、兄弟姉妹、孫が含まれます。

介護休暇制度

介護休暇制度も「育児・介護休業法」で定められており、対象家族も同様です。１年度（年度を事業主が特に定めない場合は毎年４月１日から翌年の３月31日まで）で最大５日間、介護対象が二人以上の場合は

10日間、有給休暇とは別に取得できます。介護休暇は半日単位で取ることも可能です。介護休暇における賃金には法的な定めはなく、各事業主に委ねられています。

また、これら2制度とは別に、「介護のための所定労働時間短縮措置」も利用でき、「残業の免除」も可能となっています（「介護休暇の規定状況」は184ページ参照）。

介護休業の対象家族の範囲

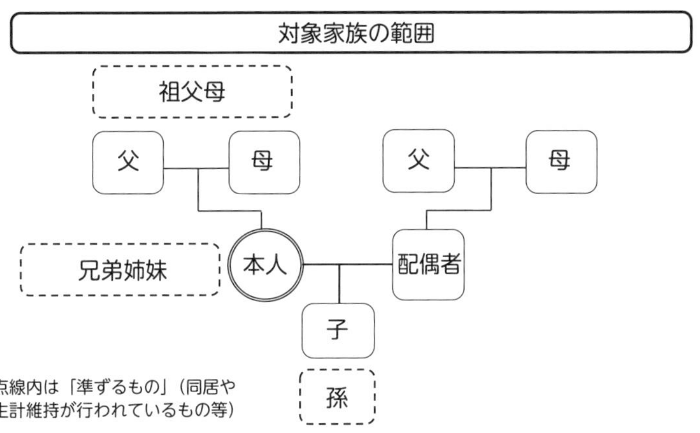

「育児・介護休業法のあらまし（厚生労働省）」（平成30年9月作成）より転載

仕事と介護の両立！　5つのポイント

1．「家族等の介護を行っている」ことを職場の上司、同僚、人事部などに早期に伝え、必要に応じて、勤務先の「仕事と介護の両立支援制度」を利用する
2．介護保険サービスを利用し、自分で「介護しすぎない」
3．ケアマネジャーを信頼し、「何でも相談する」
4．日頃から「家族や要介護者宅の近所の方々等と良好な関係」を築く
5．介護を深刻に捉えすぎずに、「自分の時間を確保」する

相談するときに伝えるべき3点

1．自分自身が仕事と介護を両立したいことを強く伝える
2．現在の自分の状況（自分の仕事や要介護者について）をなるべく正確に伝える
3．両立のための選択肢をできるだけ多く知りたいと伝える

「介護離職を予防するための仕事と介護の両立準備ガイド（厚生労働省）」より抜粋

住所地特例

▶ 住所を移す前の市町村が引き続き保険者

住所地特例とは

介護保険では、原則として住民票のある市町村が保険者です。そして住むところが変わると住所変更をするのが一般的です。しかし、介護保険施設などが多い市町村は介護保険給付費が増大し、財政を圧迫することになります。そのような財政上の不均衡を避けるため、介護施設への入所・入居にあたり、住所地（住民票）を移しても、移す前の市町村が引き続き保険者となる仕組みが「**住所地特例**」です。

住所地特例の対象となる施設

住所地特例の対象となる施設は、特別養護老人ホーム、介護老人保健施設、介護医療院・介護療養型医療施設、軽費老人ホーム、養護老人ホーム、有料老人ホーム（介護付、住宅型）、サービス付き高齢者向け住宅です。なお、地域密着型の施設（グループホーム、地域密着型介護老人福祉施設）は対象外です。

隣の市のグループホームに入居したい場合

地域密着型サービスはその市町村に住民票がないと利用できません。グループホーム入居の要件を満たすために隣の市に転居する場合は、3カ月間経過すれば申込みが可能となります。隣市の親族の家にいったん住所を移すような場合も同様です。

〈住所地特例制度概要〉

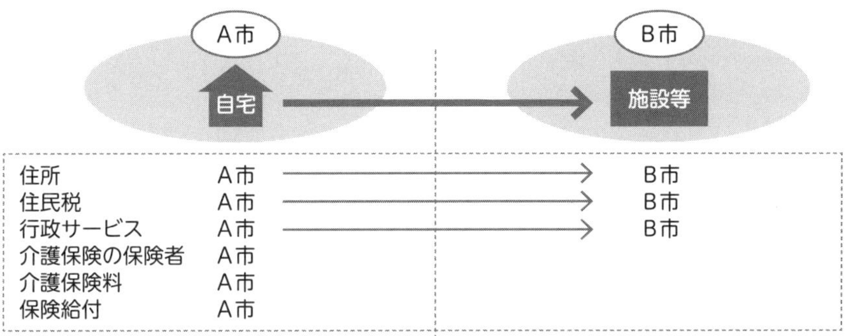

住所地特例と地域密着型サービスの関係

① A市からB市の介護保険施設へと移動した場合（通常の住所地特例）　　移動後の保険者

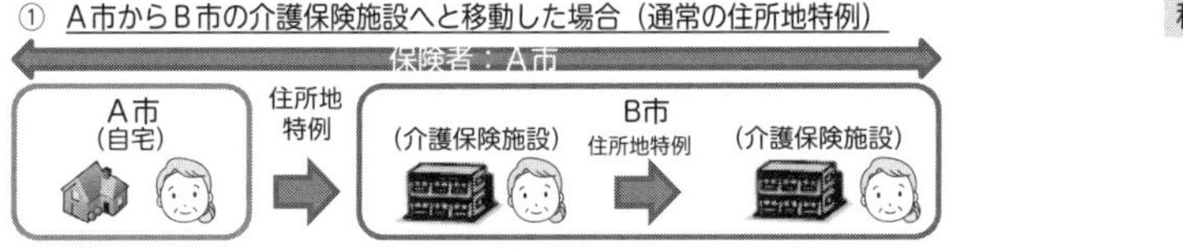

② A市からB市の介護保険施設、認知症グループホーム（以下「GH」）、介護保険施設と順次移動した場合

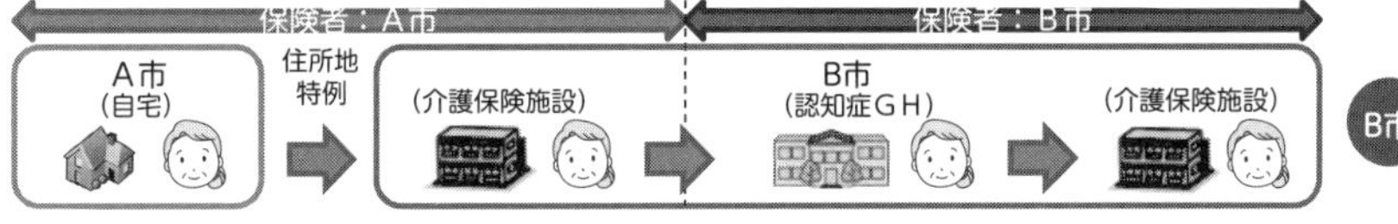

B市

③ A市からB市の介護保険施設、A市の認知症GHと順次移動した場合

④ A市からB市の認知症GH、介護保険施設と順次移動した場合

「住所地特例について」
内閣府第83回地方分権改革有識者会議　提案募集検討専門部会　資料4　平成30年10月16日開催　別添1

13 介護保険外サービス

▶ 公と民が一体となって支える

介護保険外サービス

介護保険外のサービスも増え進化しています。2016年3月、厚生労働省、経済産業省、農林水産省が連名で、地域包括ケアシステム構築に向けた「公的介護保険外サービスの参考事例集」(保険外サービス活用ガイドブック)を発行しました。地域包括ケアシステムの補完・充実には社会保険制度や公的介護保険サービスだけでなく、保険外サービスの利用により、住み慣れた地域で暮らし続けられると示したことになります。

自治体独自の介護保険外サービス

介護保険外サービスとして地方自治体が行うサービスには、要介護・要支援認定を受けた人が利用できるサービス、要介護・要支援認定で非該当（自立）となった人が利用できるサービス、概ね65歳以上のすべての人が利用できるサービスがあります。なお、各自治体の施策や財政状況により、こちらは全国一様ではなく、自治体ごとに異なります。

介護保険外サービスの一例

介護保険外サービスのニーズは高まっているのですが､歴史が浅く、サービス自体が広く浸透していないため、実績はまだまだ多くはありません。今後の広がりに注目が集まっていますが、どんなものがあるか、次の「公的介護保険外サービスの参考事例集」の図を参照してください。

多様な介護保険外サービスの位置付け

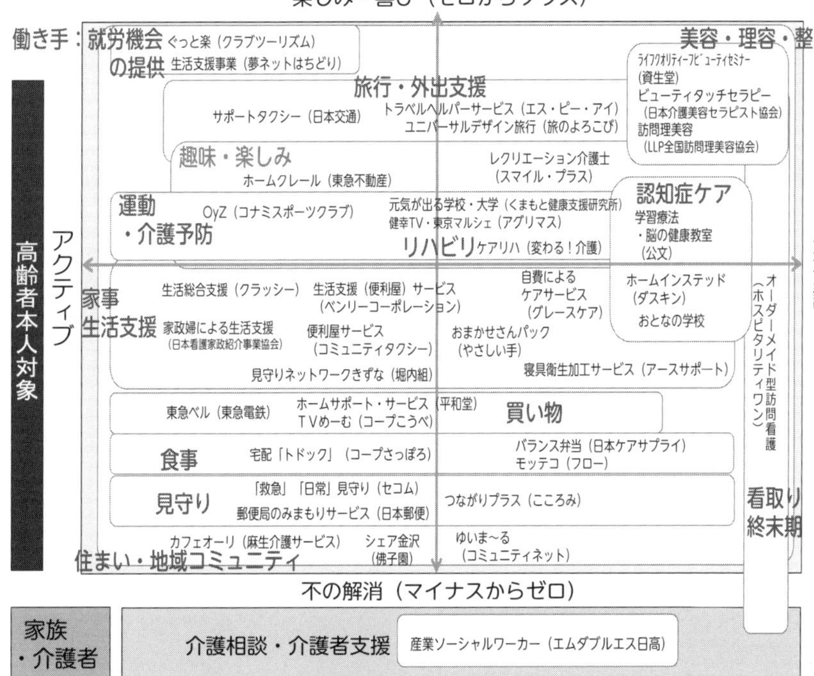

「地域包括ケアシステム構築に向けた公的介護保険外サービスの参考事例集」保険外サービス活用ガイドブックより抜粋　厚生労働省　農林水産省　経済産業省　平成28年3月

介護休暇の規定状況

【介護休暇の取得可能単位別事業所割合】

(%)

	時間単位で取得可	半日単位で取得可	1日単位のみ	不明
平成26年度	21.3	16.3	61.7	0.6
平成29年度	16.4	68.0	15.6	0

(%)

平成29年度規模別	時間単位で取得可	半日単位で取得可	1日単位のみ
500人以上	17.7	75.4	7.0
100～499人	16.0	73.0	11.0
30～99人	14.6	67.8	17.6
5～29人	16.8	67.7	15.5

【介護休暇制度の既定の有無別事業所割合】

※労働者が30人以上いる事業所に限定

(%)

	規定あり	規定なし	不明
平成26年度	80.6	19.2	0.2
平成29年度	83.5	16.5	0

「雇用均等基本調査」厚生労働省

第7章

介護・介護施設の費用

介護費用の平均額

▶ 介護費用の平均額は 494.1 万円

介護費用は個々のケースで異なる

介護費用の必要額は身体状況により異なります。また、自宅で家族が介護する、介護サービスを使って介護する、特養や有料老人ホームなどの介護施設で介護を受けるなど、それぞれのケースで費用は異なります。

生命保険文化センターの「全国実態調査」を参照

公益財団法人生命保険文化センターの「生命保険に関する全国実態調査」（平成30年度）を見ていきます。２人以上世帯を対象とした調査で、介護を行った期間は平均54.5カ月（４年６カ月半）、介護に要した費用（公的介護保険サービス自己負担分を含む）は、住宅改修や介護用ベッドの購入などの一時費用の合計が平均69万円、月額費用が平均7.8万円でした。これを基に介護にかかった費用を計算すると、総額は494.1万円となります。

在宅介護において、様々な経済的影響が生じてくる

在宅介護における経済的な影響として、介護サービス費やオムツ代など目に見える介護費用のほかに、表面に現れにくいものもあります。例えば、介護疲れをいやすための費用や、別居の家族が介護する場合の交通費、また、家族とは別の消化の良い食事を用意する、仕事を減らすことで収入が減るなど、様々な形で家計を圧迫してくる可能性があります。

介護費用の総額

69万円＋(7.8万円×54.5カ月)＝494.1万円

介護期間

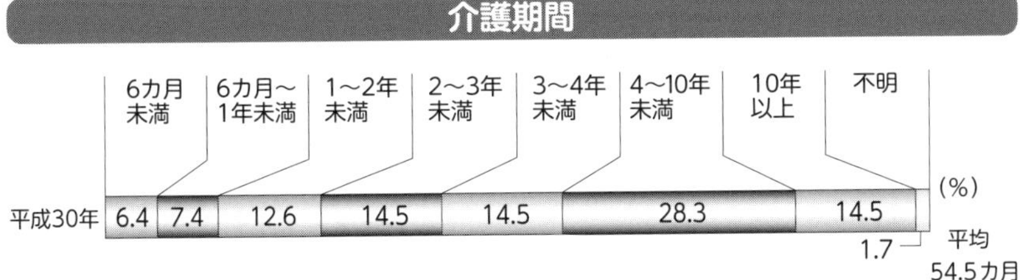

介護費用（一時的な費用の合計）（要介護度別）

（万円）

公的介護保険の利用経験あり	要支援1	要支援2	要介護1	要介護2	要介護3	要介護4	要介護5	公的介護保険の利用経験なし
69	17	76	51	59	93	55	81	34

＊「掛かった費用はない」を0円として平均を算出
＊要支援1はサンプルが30未満

介護費用（月額）

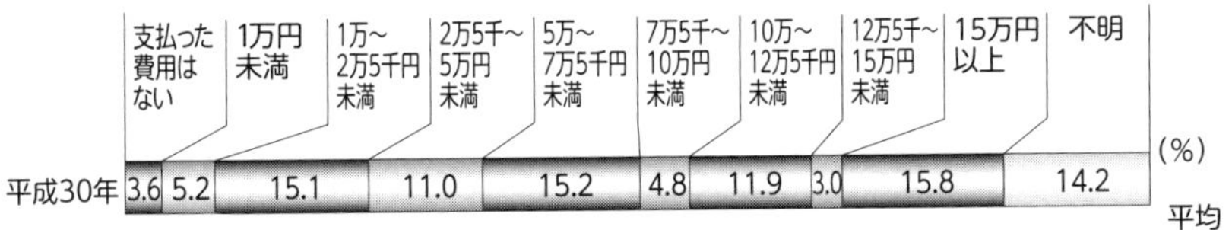

「平成30年度生命保険に関する全国実態調査＜速報版＞」生命保険文化センター

家族に介護力があれば、介護費用は安くなる

▶ 家族が自宅で介護が一番安上がりだが…

家族が自宅で介護できれば費用は安く済む

前項（第７章①）の公益財団法人生命保険文化センターの「生命保険に関する全国実態調査」（平成30年度）において、介護にかかった月額費用の中身を見ていくと、「在宅」では4.6万円に対し、「施設」では11.8万円です。「施設」の内容は定かではありませんが、「在宅」のほうが半分以下で済むことが読み取れます。

要介護度が上がると、介護費用も高くなる

同じくこちらの資料で、要介護度が上がると介護費用も高くなることがわかります。介護度が上がるにつれ、介護にかかる時間や人力が多く必要になります。家族の介護力では不十分になると、訪問介護やデイサービスなどへの依存度が上がり、介護費用が高くなり、場合によっては施設入所・入居を検討することになります。施設における月額費用は介護費用だけでなく、居住費・食費や管理運営費などが必要なため、在宅より高くなります。さらに民間施設の多くは前払金も必要です。

介護費用はトータルで考える

家族が自宅で介護すれば介護費用は安く済みます。しかし、パートで働く家族が仕事を休んで介護に当たれば、収入が減少し、さらに介護離職となれば、家族全体のライフプランを崩すことになります。介護費用

は支払い金額だけで考えるのではなく、介護する家族の生活までトータルで考え、介護方法を選択していくことが必要です。

介護費用（月額）（介護を行った場所別）

介護を行った場所別にみると、「在宅」の4.6万円に比べ「施設」では11.8万円と高くなっている。

（%）

	支払った費用はない	1万円未満	1万～2万5千円未満	2万5千～5万円未満	5万～7万5千円未満	7万5千～10万円未満	10万～12万5千円未満	12万5千～15万円未満	15万円以上	不明	平均（万円）
在宅	4.4	8.6	23.5	15.9	15.7	1.8	8.1	0.5	5.2	16.2	4.6
施設	2.7	1.0	4.8	4.5	14.7	8.6	16.1	6.5	30.1	11.0	11.8

＊「支払った費用はない」を０円として平均を算出

介護費用（月額）（要介護度別）

公的介護保険の利用経験別にみると、「公的介護保険の利用経験あり」は平均8.0万円、「公的介護保険の利用経験なし」は4.4万円となっている。

（万円）

公的介護保険の利用経験あり	要支援1	要支援2	要介護1	要介護2	要介護3	要介護4	要介護5	公的介護保険の利用経験なし
8.0	5.8	5.4	4.5	5.7	8.7	9.9	10.4	4.4

＊「支払った費用はない」を０円として平均を算出

「平成30年度生命保険に関する全国実態調査＜速報版＞」生命保険文化センター

同居している主な介護者の介護時間（要介護者の要介護度別）

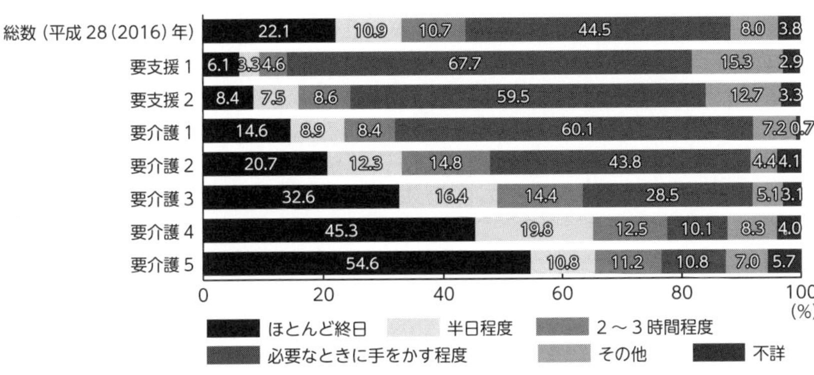

資料：厚生労働省「国民生活基礎調査」（平成28年）
（注1）「総数」には要介護度不詳を含む。
（注2）平成28年の数値は、熊本県を除いたものである。

「平成30年版高齢社会白書」内閣府

公的施設の月額費用は所得により異なる

▶ 所得の低い人は費用が軽減される

特養でかかる費用

介護保険３施設は入所時に費用はかかりません。月額費用は居住費（部屋代・水道光熱費）、食費、要介護度に応じた介護費用の自己負担分（１割・２割・３割）と日常生活費（医療費、日用品代、通信費、理美容代など）です。右ページ下表の基準費用額は居住費、食費です。この他、介護サービス費、必要に応じて看取り加算、個別機能訓練加算、外泊時費用などがプラスされます。地域により、施設ごとに若干異なります。

ユニット型個室方式では居住費は高い

特養などの介護保険３施設の居室タイプはユニット型個室、ユニット型準個室、従来型個室、多床室に分かれ、居住費はそれぞれ異なります。近年増えているユニット型個室タイプでは居住費が高くなります。

所得の低い人は軽減措置を受けて安く生活できる

所得が低く預貯金額が少ない場合は「負担限度額認定」を申請し、認定されると、居住費と食費の補足給付を受けられ、費用が軽減されます。その要件は次ページ上表のとおりです。負担限度額認定申請書、資産などに関する金融機関への照会に対しての同意書、介護保険被保険者証の写し、本人と配偶者の通帳等の写し、その他預貯金以外の資産の写しの提出が必要です。なお非課税年金（障害年金・遺族年金）も所得として勘案されます。公的施設では、同じ居室で同じ要介護度でも、所得に応じて支払い額が異なります。

介護保険給付における利用者負担 ※アミかけ部分が自己負担

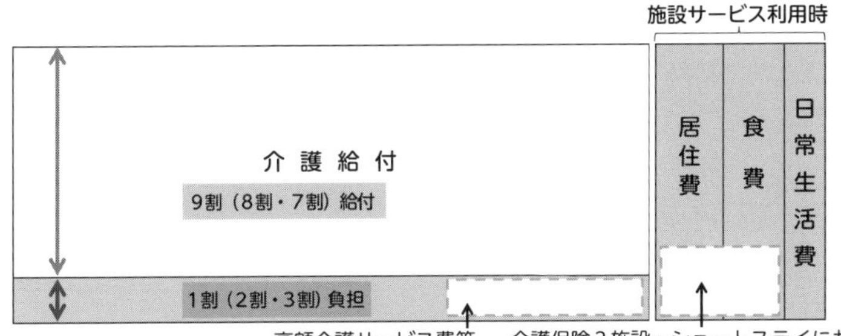

「介護保険制度の見直しに関する意見（案）令和元年 12 月 27 日」厚生労働省老健局

介護保険３施設における利用者負担段階の目安と主な対象者（補足給付を受けられる人）

	利用者負担段階	主な対象者	
負担軽減の対象となる低所得者	第１段階	・生活保護受給者 ・世帯（世帯を分離している配偶者を含む。以下同じ。）全員が市町村民税非課税である老齢福祉年金受給者	かつ、預貯金等が単身で1,000万円（夫婦で2,000万円）以下
	第２段階	・世帯全員が市町村民税非課税であって、年金収入金額（※）＋合計所得金額が80万円以下	
	第３段階	・世帯全員が市町村民税非課税であって、第２段階該当者以外	
	第４段階	・世帯に課税者がいる者 ・市町村民税本人課税者	

※平成 28 年８月以降は、非課税年金も含む。

「2019 年度介護報酬改定について」（一部抜粋）厚生労働省

特養における利用者負担段階別費用の目安

食費・居住費の基準費用額と負担限度額（月額）　　2019.10 ～

対象者		食費	居室タイプごとの居住費			
			ユニット型個室	ユニット型準個室	従来型個室	多床室
第４段階（一般）（基準費用額）		41,760円	60,180円	50,040円	35,130円	25,650円
負担限度額	第３段階	19,500円	39,300円	39,300円	24,600円	11,100円
	第２段階	11,700円	24,600円	14,700円	12,600円	11,100円
	第１段階	9,000円	24,600円	14,700円	9,600円	0円

「2019 年度介護報酬改定について（厚生労働省）」を基に作成（１カ月を 30 日として計算）

認知症グループホームは民間では安いほう

▶ 居室は狭く、トイレも共用のところが多い

グループホームの費用

グループホームは５～９名の認知症高齢者が共同生活を行う施設です。介護職員が買い出し、食事作り、掃除、洗濯などの家事一般と食事・入浴・排泄の介護のすべてを行い、調理専門のパート職員がいる程度です。そのため人件費が安く運営されています。建物は１～２ユニット（東京は３ユニットも可）で、居室は広くはなく、トイレも共用のところが多く、一般の住宅を利用しているところもあります。

入居費用は不要なところもありますが、多くは10～数十万円程度です。これは保証金の場合と前払金（入居一時金）の場合があります。月額費用は、居住費、食費、管理費・運営費、水道光熱費と個別にかかる日用品代、医療費、介護費用の自己負担分で、20万円程度です。

認知症の人が多く入居する有料老人ホームと比較すると、小規模で前払金も安いことから、総じてグループホームの費用は安めといえます。

要介護度が高くなると、住み替えが必要なことも

近年､看護師がいて看取りまで可能なグループホームもありますが､看護師配置は義務付けではありません。医療が必要になれば、家族と一緒に通院します。入居者は全員認知症高齢者で、３：１という介護体制の中、職員は家事一般もこなしながら介護しています。そのため、要介護度が重度になると対応できなくなることも多いので、特養や介護付有料老人ホームへの住み替えも視野に入れておく必要があります。

グループホームの費用の目安（一例）

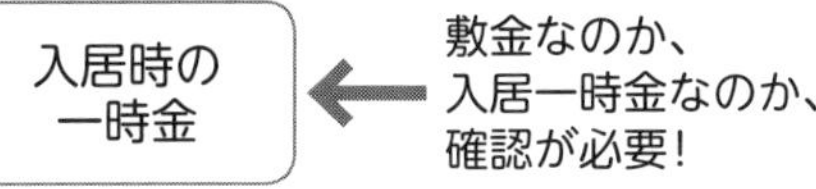

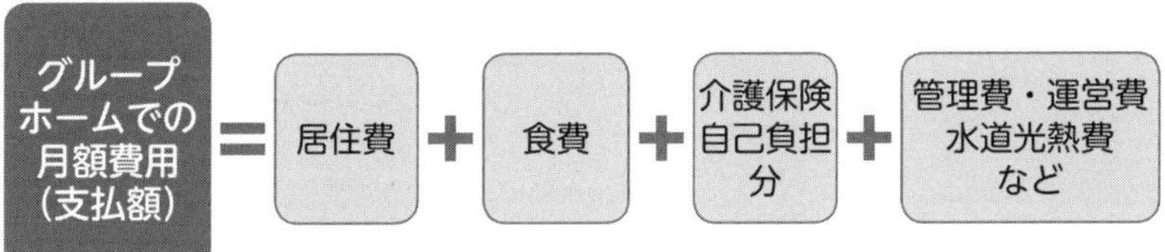

その他費用
・医療費
・日用品代
・通信費
など（個別）

認知症グループホームのメリット・デメリット

◆メリット

・少人数なのでアットホームで、落ち着いて生活できる
・職員との距離感が近く、一人ひとりの状況把握ができている
・認知症の人の専門施設のため、家族は安心
・残存能力を利用し家事分担を行うことで、認知症の進行を遅れさせることができる

◆デメリット

・要支援２以上で、身の回りのことができる人が入居対象
・寝たきりになると、退去しなければならないところが多い
・２階建ての古い住宅を利用しているところもあり、施設によって設備に差が大きい
・医師や看護師がいないため、医療が必要になると通院、入院となり、退去しなければならないこともある
・地域密着型のため、居住地の施設しか選択できない

5 前払金ナシの有料老人ホームは安いといえるか

▶ 前払金ナシが必ずしも安くはないワケ

有料老人ホームの費用と支払い方式

有料老人ホームの費用は、前払金と月額費用の２本立てです。前払金は、想定居住期間といって、入居して生活する平均期間が施設ごとに決められており、初めにその期間分の家賃を一時金で前払いするのが元々の支払い方式です。同じ居室でも、入居年齢により金額が異なるタイプの施設が半数程度あります。65歳など若い人が入居する場合は想定居住期間が長くなると想定され高く、90歳超など高齢で入居する場合は短めと想定されるため安く設定されます。残りの約半数は、入居年齢に関係なく前払金が一律料金です。しかし、近年、地方を中心に前払金ナシの施設が増えています。前払金ナシの施設では、家賃は毎月支払うため月額費用が高くなります。

前払金ナシが必ずしも安いとはいえない理由

前払金ナシが必ずしも安いとはいえません。入居する時点で何年生活できるかは誰にもわかりません。例えば５年分を前払金として支払い入居し、最終的に８年間生活しても、後半３年分の家賃を追加で支払う必要はありません。このような場合は、前払いをしたほうが安く済むケースです。しかし、５年分支払って２年で死亡したような場合は、初期償却のある施設では、初期償却割合が高い施設ほど、返還金が少なくなります。そのため、前払いをしないほうが安く済むことになります。最終的にどちらが安く済むかは、退去時点で初めて判明します。入居時点でまとまった資金はないが、家賃を含む月額費用を年金などで支払い可能なら、前払金ナシの施設やコースを選ぶほうがよいでしょう。

　近年、家賃をすべてではなく何割かだけ前払いすることで月々の家賃を低く抑え、月額費用を支払いやすくする方式を採用している介護型の施設が増えています。十分に説明を受け、理解した上での選択が大切です。

有料老人ホームの費用の基本形

前払金
（入居一時金）

月額費用

・居住費（管理費・家賃：一時金方式では、かからないこともある）
・食費
・水道光熱費

・介護保険1割 or 2割or 3割負担分
・オムツ代

・医療費
・その他生活費

コラム

介護付有料老人ホーム入居時自立型（第３章⑬）においては、前払金方式は有効!?

　元気な自立の人が入居する「介護付有料老人ホーム入居時自立型」においては、何年間生活することになるかは全くわかりません。65歳で入居すれば40年間になるかもしれません。想定居住期間は概ね10～16年と設定されていますので、なるべく若くて元気なときに前払金方式で入居し、それ以上の期間を自分らしく元気に楽しむことができれば、有料老人ホームの「お得な利用法」・「有効な活用法」となるでしょう。

前払金のクーリングオフ、返還金

▶ 入居契約前に必ず確認が必要

有料老人ホーム前払金のクーリングオフ

有料老人ホームにおけるクーリングオフとは、前払金を支払って入居したケースで、90日以内に死亡退去や契約解除（生前退去）した場合は全額戻る制度のことです。短期解約特例、90日ルールともいわれています。なお、生活した日数分の家賃や食事代などの実費は支払います。

前払金の保全措置

有料老人ホームには万が一の倒産に備え、前払金の保全が義務付けられています。各施設が金融機関や有料老人ホーム協会と保証契約を結び、前払金のうち最大500万円が保全されています。この措置が設定された2006年4月以前に開設された施設では努力義務のため、保全されていない場合もありますので、入居検討の際には、保全措置が講じられているか、確認が必要です。

前払金の返還

想定居住期間分の前払金を支払って有料老人ホームに入居した場合、その期間内に死亡退去・契約解除をすると、該当割合分が返還されます。ただし、初期償却を行う施設であれば、初期償却割合に該当する金額は戻りません。それ以外の金額のうち、未償却期間分が按分で計算され返還金額となります。次ページの例で確認してください。なお、死亡退去の場合は、返還金は身元引受人の口座に３カ月以内に振り込まれます。

返還金の求め方（例）

介護付有料老人ホーム入居時自立型
《9年で死亡退去した場合》

前払金	4,000万円
初期償却割合	15%
想定居住期間	180カ月（15年）
入居期間	108カ月（9年）
（月額費用	25万円）

$$\text{返還金} = \{(\text{前払金} - (\text{前払金} \times \text{初期償却割合})\} \times \frac{\text{想定居住期間(月数)} - \text{入居期間(月数)}}{\text{想定居住期間(月数)}}$$

$$1,360\text{万円} = \{(4,000\text{万円} - (4,000\text{万円} \times 0.15)\} \times \frac{180\text{カ月} - 108\text{カ月}}{180\text{カ月}}$$

↓
身元引受人
（3カ月以内）

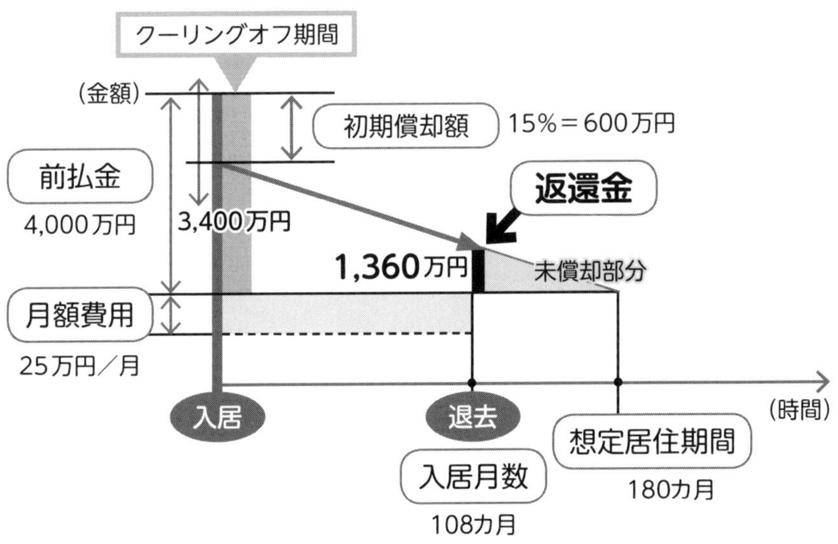

この例では、クーリングオフ期間内の退去であれば4,000万円全額が返還されます。償却自体は入居日の翌日にスタートし、180カ月で定額法により均等に償却されていきます。前払金4,000万円を支払い入居し、108カ月で死亡退去したため、未償却期間の72カ月分にあたる1,360万円が返還金額となります。

初期償却に関して

有料老人ホームの監督は所在地の都道府県です。「返還金が少なかった」など、初期償却に関する多数のクレームが消費者センターや国民生活センターへ寄せられた経緯もあり、「初期償却はよろしくない」という流れがあります。実際は都道府県ごとに各事業者への指導方針・対応が異なっています。

例えば、東京都は初期償却をしないのが望ましいとの見解から、初期償却を行っている施設は、行政との適合表において、その項目に×をつけられています。埼玉県は、新規開設において、初期償却は一切認めない方針です。神奈川県や千葉県は、前払金の根拠を提示すれば、初期償却は自由、ただし必ず「入居金ゼロ円プラン」も料金表に併設することが条件となっています。

第8章

老後の資金の再確認

経済状況の把握

▶ 資産一覧表で老後資金の全容を把握

親の資産の確認

老後生活は年金や保有資産でやりくりしていくのが基本です。親の介護の場合も含め、資産を全部洗い出し、資産一覧表を作成します。

資産一覧表

毎月の収入は公的年金を中心に、個人年金や賃貸物件を所有する場合はその収入、子供からの仕送りがある場合はそれも合算し、１カ月の収入金額を出します。保有資産は、預貯金、投資性商品、生命保険、不動産などに分け合算しますが、投資性商品や養老保険などは、解約して手元に残る金額で記入します。自宅等の売却では、手数料や税金も考慮し、残りの金額で出します。不動産は思うような金額で売却できるとは限らないため、控えめな金額で考えておくほうがよいでしょう。葬儀費用など残しておくものは取り除き、老後の生活費に使える金額を算出します。

施設入居はいくらまでならOKとの上限額を決める

高齢者施設・住宅への入居を検討する場合は、月額費用と入居一時金をいくら位まで使えるか計算します。月額費用を支払うにあたり年金などの収入では不足する場合は、保有資産から取り崩していくことになります。医療費も考慮し、年金減少、インフレに備える予備費も用意が必要です。予備費の額は身体状況、資産内容などにより異なります。

資産一覧表を作成し、前払金の上限額（D）を算出する

資産の棚卸し（経済状況の把握）

◆毎月の収入

項目	金額
公的年金	円
個人年金	円
その他の収入	円
家族の収入	円

A　年額に換算　B

A	B
円	円

◆保有資産

預貯金（銀行・郵便局）

金融機関	支店	種類	金額
			円
			円
			円
			円
			円

金額　円

投資性商品（株式・債券・投資信託）

金融機関	支店	種類	金額
			円
			円
			円
			円
			円

金額　円

生命保険

保険会社	支店	種類	金額
			円
			円
			円
			円
			円

金額　円

不動産

種類	住所・登記簿上	金額
		円
		円
		円
		円
		円

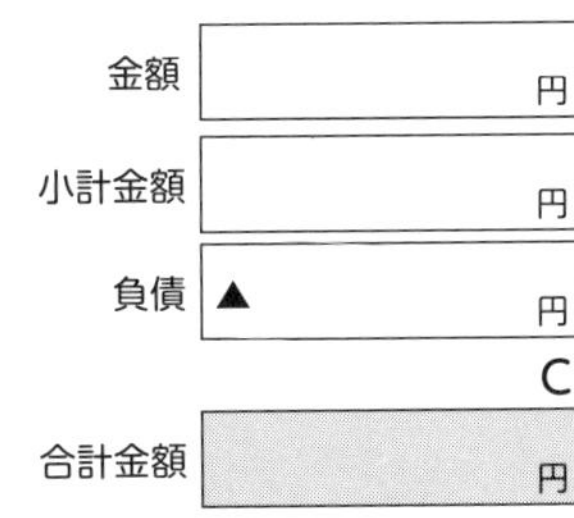

金額　円

小計金額　円

負債　▲　円

C

合計金額　円

【入居検討施設の前払金の上限額Dを計算する】… 身の丈に合致した範囲の確定

・月額費用を25万円とする

A ＜ 25万円の場合　○年分の不足分をCから取り崩す

(25万円－A) ×12カ月×○年＝E（取崩し金額）

・予備費 F

$$D = C - E - F$$

2 年金をチェック

▶ 年金などの収入額を再確認

親の介護では、年金がどの口座に入金されているかを確認

親が急に倒れ、親の年金がどこの銀行に振り込まれているのかわからず、下ろせないケースもあるでしょう。まずは、親が大事なものを保管していそうなところを探し、年金手帳と銀行通帳を探します。「年金振込通知書」が見つかれば、振込先金融機関名と支店名が記載されています。親子であることの証明となる公的書類と、該当しそうな印鑑を複数持参して記載された支店に行き、振込口座がわからなくなっている事情を説明します。

親の年金を確認。漏れはないか？

年金の請求は受給権発生から５年で時効になります。時間的余裕があれば、親の年金に漏れや誤りがないか、日本年金機構の「ねんきんネット」で確認し、不明な点などあれば年金事務所や年金相談センターに問い合わせてみましょう。

親が自営業の場合

自営業の人の場合、国民年金の上乗せとして国民年金基金や、退職金代わりに小規模企業共済に加入していることもあるため、定期的に届く通知を探してみます。国民年金基金は65歳誕生月の翌月分から受け取れます。不明な場合は加入先に確認します。小規模企業共済の加入記録があれば、独立行政法人中小企業基盤整備機構に連絡し手続きをします。

年金の時効

年金の種類	時効の期間	時効の起算日
老齢年金	5年	支給事由が生じた日の翌日（※）
障害年金	5年	支給事由が生じた日の翌日（※）
遺族年金	5年	支給事由が生じた日の翌日（※）
未支給年金	5年	受給権者の年金の支払日の翌月の初日
死亡一時金	2年	死亡日の翌日
脱退一時金	2年	日本に住所を有しなくなった日

（※）老齢基礎年金、障害年金、遺族基礎年金の支分権については年金の支払日の翌月の初日。
「支分権」とは平成 19 年 7 月 6 日以前に受給権が発生した年金の支給を受ける権利をいいます。

年金制度の全体像

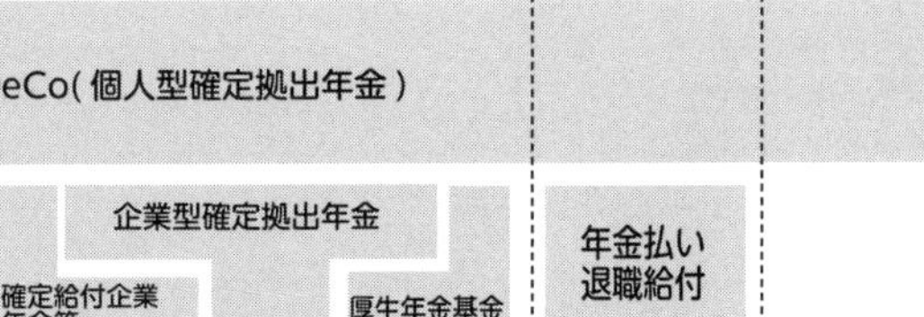
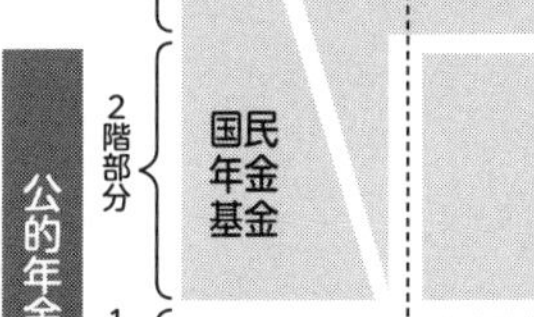

「確定拠出年金」明治安田生命 HP

3 自宅の有効活用

▶ どの活用法が最適かの検討がポイント

自宅を担保にお金を借りるリバースモーゲージ

リバースモーゲージは、自宅を担保に金融機関からまとまったお金を借り、自宅に住み続けながら毎月利息だけを支払い、返済は死亡時に金融機関が自宅を売却して清算する仕組みです。自宅を賃貸し、高齢者住宅に住み替えることも可能です。利用できる地域や住宅の構造、担保価値、年齢などの条件があるため、取扱金融機関に確認が必要です。

マイホーム借上げ制度の利用

マイホーム借上げ制度は、原則50歳以上の人が移住・住みかえ支援機構（JTI）の「マイホーム借上げ制度」を通して、最長終身にわたり自宅を子育て世代に貸し、一定の賃貸収入を保証してもらう制度です。

自宅を賃貸併用住宅に建て替える

バリアフリーの自宅を建て替えるにあたり、自宅の一部を賃貸にすることで、新築のバリアフリー住宅が手に入り、家賃収入も得られます。また、相続税評価額が下がることから節税効果も生まれます。

自宅の売却

自宅の現金化で、一番シンプルなのは自宅の売却です。

リバースモーゲージの仕組み

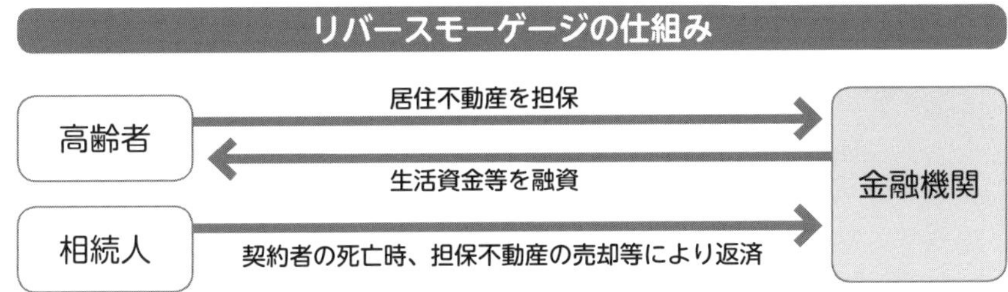

マイホーム借上げ制度

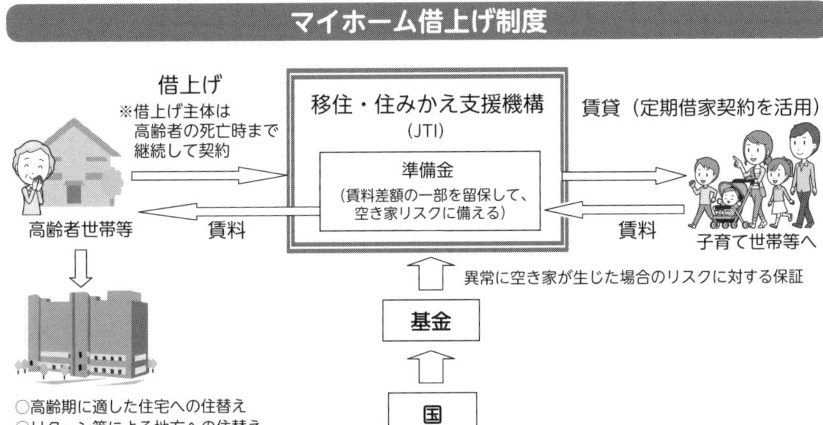

「住替え、リバースモーゲージについて」国土交通省住宅局

保険をチェック

▶ 保険証券を並べ、再確認する

親が掛けている保険を確認する

親が加入している保険のことはわからない場合もあるでしょう。死亡保険、医療保険、民間介護保険、また貯蓄性の高い養老保険や個人年金保険などが考えられますが、満期がきていてもそのままになっているかもしれません。一緒に確認しましょう。満期から３年以内なら給付金の請求は可能です。なお、認知症などで保険金請求の意思表示ができなくなる場合に備えて、子供などが代わりに請求する指定代理請求特約を付加しておくことも検討しましょう。

保険の種類によっては、税金がかかることも

保険は、契約者・被保険者・受取人により、相続税・贈与税・所得税・住民税がどのようにかかるかなどが異なります。解約返戻金額も確認し、一度保険内容を整理してみましょう。

今後保険加入を検討するとしたら

老後生活が長くなり、老後資金を保険で備えたいという人も増えています。一般的に、高齢になるほど保険料は高くなります。医療保険、がん保険のみならず、個人年金、民間介護保険も浸透してきています。長生きするほど受取り総額が増えるトンチン年金や、認知症になると保険金が下りる保険もあります。老後資金は預貯金が基本ですが、保険の活

用も視野に入れ、若いうちから老後の生活費を確保しておきましょう。

指定代理請求制度

保険金・給付金の受取人である被保険者（この場合は高齢の親）が、保険金などを請求する意思表示ができない特別な事情がある場合、予め契約者が指定した代理人が請求できる制度です。認知症などに備えて検討が必要です。

死亡保険金と税金

契約者	被保険者	受取人	税金
夫	夫	妻	相続税
夫	妻	夫	所得税 住民税
夫	妻	子	贈与税

民間介護保険（例）

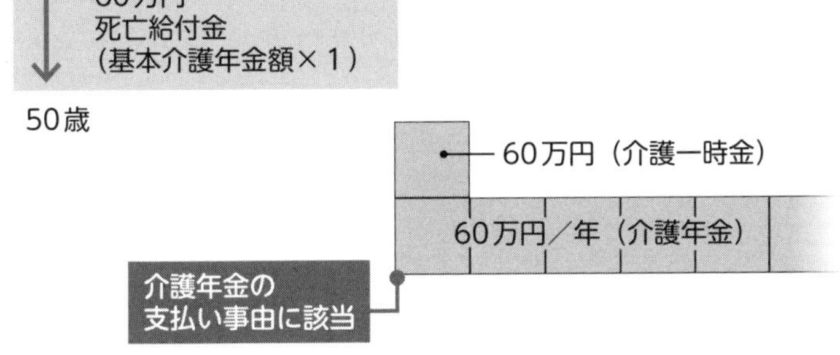

民間介護保険のメリット

・民間介護保険のタイプにより異なるが、所定の要介護状態になると介護一時金のほか、終身介護年金を受け取れる
・公的年金と異なり現金給付のため、使い道が自由
・給付額の選択が可能
・少額短期保険（ミニ保険）を利用することもできる
・保険料（の一部）は介護医療保険料控除を使うことができる
・保険金は非課税

5 身辺のスリム化

▶ 断捨離ですっきり、転倒防止

断捨離で生活をダウンサイズ

歳を重ねるにつれ生活範囲が広がり物が増えていきますが、高齢期になると活動範囲が狭まり、使わない物が増えてきます。しかし、なかなか捨てられないのも現実です。思い切って断捨離をすると居室が広く感じられますし、狭い家に住み替えれば生活の縮小となり、生活費を下げることも可能です。

不要なクレジットカードを整理する

財布の中身の見直しも大切です。あまり使わないのに年会費が必要なカードがあるかもしれません。毎日スーパーなどで使うカード、電車やバスに乗るときに使うカード、日用品購入の引落し用カードなどを整理し、使用頻度やポイント還元率を確認しながら２枚程度に絞ります。年会費を抑え、支払い額や生活の全体像をつかみやすくなります。

生活のスリム化でケガをしない環境作り

身辺がすっきりすると、物を探しやすくなり、床に物を置かなくなります。これは転倒防止にもつながります。ただし、思い出を振り返る機会を失うと脳の機能が衰え、孤独感から認知症発生のリスクを高めると指摘する脳科学者もいます。思い出の強い物、大事にしている物は残し、生活環境を大きく変えない範囲で断捨離をして整えましょう。

親に残されて、子供たち家族が扱いに困るもの TOP 3！

高齢期の断捨離候補 TOP 3！

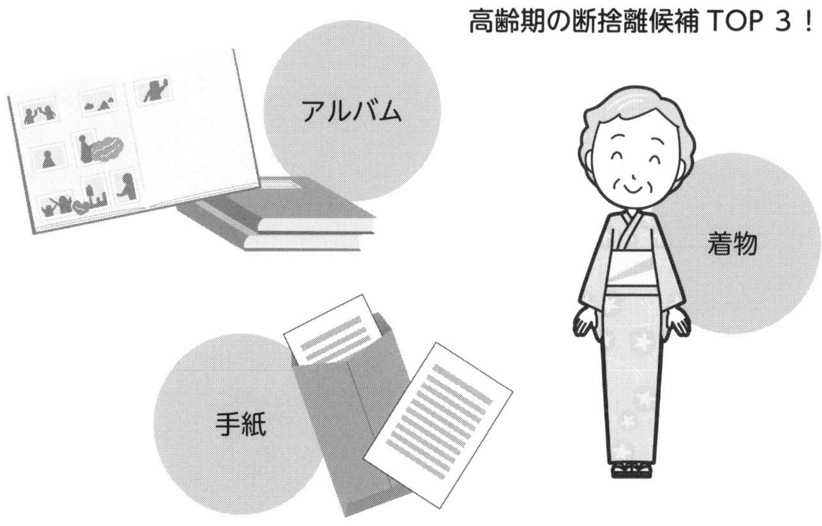

クレジットカード保有枚数：2.7枚／人
（令和元年年11月末発表）

クレジット発行枚数から、20歳以上日本人（※）の平均所有枚数を計算すると、2.7枚となる

※総務省統計局「人口推計」平成31年3月1日現在の20歳以上の総人口1億504万人

一般社団法人日本クレジット協会 HP

著者

岡本 典子（おかもとのりこ）

FP リフレッシュ代表　ファイナンシャルプランナー（CFP®、１級 FP 技能士）、住宅ローンアドバイザー、終活アドバイザー
早稲田大学卒業後、商社勤務などを経て、2003 年よりファイナンシャルプランナー。高齢期を安心して暮らせる住まい探しコンサルに特化した FP として活動。全国で講演を行うほか、執筆・監修も多数。
著書『後悔しない高齢者施設・住宅の選び方』（日本実業出版社）、監修『老後の住まい～老人ホームではない「サービス付き高齢者向け住宅」という選択！』（学研パブリッシング）
HP：http://www.fp-refresh.jp/

イザ！　というとき困らないための
親の介護と自分の老後ガイドブック

2020 年 10 月 8 日　初版第 1 刷発行

著　者　岡 本 典 子
発行者　中 野 進 介

発行所　株式会社ビジネス教育出版社

〒102-0074　東京都千代田区九段南 4 - 7 - 13
TEL 03(3221)5361(代表)／FAX 03(3222)7878
E-mail ▶ info@bks.co.jp URL ▶ https://www.bks.co.jp

印刷・製本／シナノ印刷㈱　　装丁・本文デザイン・DTP ／田中真琴
落丁・乱丁はお取り替えします。

ISBN978-4-8283-0858-6　C0036